CIP-Titelaufnahme der Deutschen
Bibliothek

Vollmar, Klausbernd:
Chakren: Lebenskraft und Lebens-
freude aus der eigenen Mitte;
Übungen zur Aktivierung der
Energiezentren des Körpers/
Klausbernd Vollmar. – 1. Aufl.–
München: Gräfe u. Unzer, 1989
(Ganzheitlich leben)
ISBN 3-7742-5606-3

©1989 Gräfe und Unzer GmbH,
München.
Redaktion:
Doris Schimmelpfennig-Funke
Lektorat: Michael Kurth
Layout: Ludwig Kaiser
Typografie und Herstellung:
Robert Gigler
Fotos: Christoph Schneider
Umschlaggestaltung: Heinz
Kraxenberger, Ludwig Kaiser
Reproduktionen: Oestreicher
& Wagner GmbH
Satz und Umbruch: DTP
Ludwig Kaiser, Andreas Hubert
Druck: Eberl GmbH
Bindung: Kösel, Kempten
ISBN 3-7742-5606-3

Klausbernd Vollmar

Studium der Germanistik und
Philosophie. Diplompsychologe,
Psychotherapeut, Heilpraktiker,
Begründer und Leiter des Instituts
für Analytische Körperarbeit in
England, Praxis in Deutschland.

Wichtiger Hinweis

Die Lehre von den sieben Chakren
zählt zu den ältesten Lehren,
ist jedoch unserem Kulturkreis
weitgehend fremd geworden.
Sie werden sehen, daß sie
dennoch nicht ohne Verbindung
zu unserer Kultur ist.
Sie sind aufgerufen zu entscheiden, inwieweit die Lehre von den
sieben Chakren einen Beitrag
zu Ihrem Leben zu leisten vermag,
zu Ihrem physischen und psychi-
schen Wohlbefinden.
Die Chakren-Lehre will Ihnen
helfen, zu sich selbst zu finden;
zur Behandlung konkreter Leiden
ist ein entsprechender Facharzt
zu Rate zu ziehen.

Inhalt

Ein Wort zuvor

Die Lehre von den sieben Chakren, den Energiezentren des menschlichen Körpers, zählt zu den ältesten Lehren, die der Mensch zu seinem Selbstverständnis entwickelt hat. Obwohl ihre Wurzeln im Dunkel der Geschichte liegen, gibt es Belege, die das Wissen von der Chakren-Lehre in den unterschiedlichsten Kulturen nachweisen. Älteste Belege datieren aus der Zeit um 3000 v. Chr. und stammen aus dem Gebiet des heutigen Indien, Nepal und Tibet. Der älteste Nachweis in Europa ist dem fränkischen Königsgeschlecht der Merowinger (5. bis 6. Jahrhundert n. Chr.) zu danken. Die merowingischen Könige ließen sich, wie tibetanische Lamas der gleichen Zeit, ein »Geistloch« in den Schädel bohren, und zwar genau an der Stelle des Kronen-Chakras.

Diese Nachweise machen das Besondere der Chakren-Lehre deutlich: Sie unterliegt keiner kulturellen Begrenzung; sie kann jedem Menschen in gleicher Weise dienen, ohne daß er sein gewohntes Leben tiefgreifend verändern müßte.
Inhalt der Chakren-Lehre und Ziel der Chakren-Arbeit ist es, *den Menschen die Ganzheit seiner selbst bewußt erleben zu lassen.* Indem der Übende auf seinem Weg voranschreitet, lernt er in zunehmendem Maße, sich selbst als untrennbare Einheit aus Körper, Geist und Seele zu begreifen. Er lernt, daß sein körperliches und sein geistig-seelisches Befinden abhängen von der Aktivität feiner, kaum wahrnehmbarer Energien, die seinen Körper durchströmen. Diese Energien verbinden Körper, Geist und Seele unauflösbar miteinander.

Chakren-Arbeit: achtsam und bewußt üben

Für den heutigen Menschen, der in seinem Selbstverständnis durch tiefgreifende Veränderungen in allen Lebensbereichen erschüttert ist, gewinnt die Chakren-Lehre zunehmend an Bedeutung, weil sie es ihm ermöglicht, zu sich selbst zu finden. Die rechte Auseinandersetzung mit der Chakren-Lehre bedeutet, sie weder voreilig als Allheilmittel auszugeben, noch ihre wesentlichen Inhalte zu verflachen oder gar zu verfälschen, sondern sich gewissenhaft mit ihr auseinanderzusetzen. *Chakren-Arbeit bedeutet, auf der Grundlage der Chakren-Lehre eigenverantwortlich und in bewußter Wahrnehmung seiner selbst die Übungen durchzuführen.*

Einfache Übungen
für Gesunde

Dieses Buch bietet körperlich und seelisch Gesunden einen Grundkurs: einfache, wirkungsvolle Übungen zur Anregung der unteren drei Chakren (→ Seite 13, 26).

Jene Menschen, die sich mit den oberen vier Chakren auseinandersetzen möchten, brauchen unbedingt die Unterweisung durch einen erfahrenen Lehrer! Ich habe nur Anregungen gegeben, die es möglich machen, sich ihrer Bedeutung anzunähern.

Betrachten Sie dieses Buch als detaillierte Einführung, die Sie soweit bringen wird, selbst zu entscheiden, ob Sie unter der Anleitung eines Lehrers den Weg auch durch die oberen Chakren gehen möchten.

Wichtig: Die Übungen, die ich Ihnen in diesem Buch vorstelle, entstammen der westlichen Psychologie und dem klassischen Yoga. Ich habe sie so zusammengestellt, daß sie – gerade für uns, die wir von der abendländischen Kultur geprägt sind – bei einem Minimum an »Aufwand« ein Maximum an Wirkung haben. Führen Sie diese

Die Anleitungen
sorgfältig beachten

Übungen aufmerksam und doch gelassen durch. Erwarten Sie keine schnellen Erfolge! Halten Sie sich bitte sorgfältig an die Übungsanleitungen! Üben Sie sich in Geduld und Regelmäßigkeit! Dies sind die wesentlichen Voraussetzungen für einen dauerhaften Erfolg Ihrer Chakren-Arbeit.

Klausbernd Vollmar

Chakren – Energiezentren unseres Körpers

Die sieben Chakren stellen die Energie-Zentren unseres Körpers dar, an denen sich der Energiefluß verdichtet. Jedes Chakra hat einen nur ihm eigenen Wirkungsbereich, der sich gleichermaßen auf unsere körperliche Verfassung und unser geistig-seelisches Befinden erstreckt (—► Seite 10).

Chakren sind Kraft-Wirbel

Die Übersetzung des Wortes »Chakra« mag Ihnen ein erläuterndes Bild dieser Zentren geben. Es stammt aus dem Sanskrit, der heiligen Sprache der Hindus, und bedeutet »Rad« oder »Kraft-Wirbel«.
Einem Wirbel im fließenden Wasser tatsächlich vergleichbar, befinden sich die Chakren in ununterbrochen kreisender Bewegung – ein Chakra also ist ein Ort erhöhter Energie. Das Bild des Wirbels drückt sehr gut den dynamischen Charakter der Chakren aus.
Die Tatsache, daß sich in den unterschiedlichsten Kulturen dieser Erde eine Lehre von sieben Chakren entwickelte – wie dies aus alten Überlieferungen, Bildnissen oder Überresten vergangener Zivilisation nachgewiesen werden konnte –, weist hin auf ein wesentliches Merkmal der Chakren: *Jeder Mensch kann die Chakren bei sich selbst erspüren.*

Chakra – ein Ort erhöhter Energie

Die Lage der Chakren:

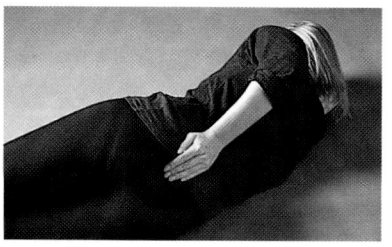

Wurzel-Chakra

Sakral-Chakra

8

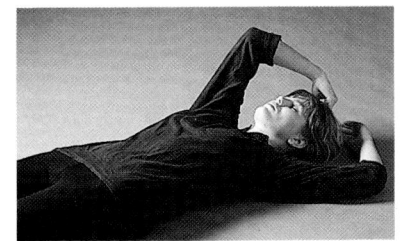

Kronen-Chakra

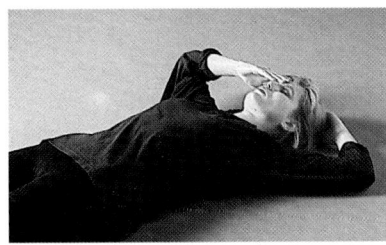

Stirn-Chakra

Kehl-Chakra

Herz-Chakra

Nabel-Chakra

9

Chakren und ihre Wirkungsbereiche

In dieser Tabelle lege ich Ihnen das vollständige System der Chakren dar. Jedem Chakra habe ich den ihm zugehörigen Wirkungsbereich zugeordnet und seine Lage im Körper angegeben. Unter dem deutschen Namen jedes Chakras steht der jeweilige Sanskrit-Name. Hier finden Sie das System der Chakren allerdings gewissermaßen auf den Kopf gestellt. Der Grund hierfür liegt darin, daß der Grundkurs, den ich Ihnen in diesem Buch biete, mit der Arbeit am Wurzel-Chakra beginnt. Diese Tabelle soll Ihnen als erste Orientierung dienen, bevor ich Sie tiefer in die Welt der Chakren führe.

Name des Chakras	Lage im Körper
Wurzel-Chakra Muladhara	Damm, zwischen den Genitalien und dem After
Sakral-Chakra oder Sexual-Chakra Svadisthana	Schambeingegend
Nabel-Chakra oder Solarplexus-Chakra Manipura	oberhalb des Nabels, Magengegend
Herz-Chakra Anahata	Brustbein auf Herzhöhe, Herzgegend
Kehl-Chakra Vishudda	etwas unterhalb des Kehlkopfes
Stirn-Chakra oder Drittes Auge Ajna	zwischen den Augenbrauen
Kronen-Chakra Sahasrara	Mitte der Schädeldecke

Körperlicher Wirkungsbereich	Geistig-seelischer Wirkungsbereich
Zentrales Nervensystem, Wirbelsäule, Genitalien	Innere Stärke, Sicherheit im täglichen Leben
Flüssigkeitshaushalt, Blutdruck, Genitalien	Hingabe, Sexualität, Zufriedenheit
Verdauung, vegetatives Nervensystem	Ich-Bewußtsein, eigene Mitte, Machtstreben
Blutkreislauf, Herz, Lymphdrüsen-System	selbstlose Liebe, seelische Wärme, menschliches Verständnis
Schilddrüse, Wachstum von Skelett und inneren Organen	sprachliche Kommunikation, Kreativität, Bewußtsein der eigenen Individualität
Steuerung der Hormondrüsen	Intuition, geistige Konzentration, Feinsinnigkeit
den gesamten Organismus beeinflussend	umfassendes Erkennen der geistig-seelischen Vorgänge im Menschen

Die Chakren selbst erspüren

Wenn Sie sich flach auf den Boden legen, sich tief entspannen und die Hände auf die Magengegend legen, können Sie dort – vielleicht nicht gleich beim ersten Mal, aber sicher nach einiger Zeit – stets ein leichtes, pulsierendes Gefühl der Wärme wahrnehmen. Dieses Gefühl sagt Ihnen, daß hier, am Ort des Nabel-Chakras, sich Ihre körpereigenen Energien in konzentrierterer Form finden als an anderen Stellen Ihres Körpers. Wenn Sie Ihre Hände beispielsweise auf Ihre linke Seite legen, über den Beckenknochen, werden Sie dieses Gefühl der Wärme nicht derart spüren.

Das Nabel-Chakra bezeichnet also einen Ort Ihres Körpers, an dem sich der Energiefluß, einem Strudel vergleichbar, konzentriert. Wie jeder Mensch haben sicher auch Sie schon Stunden im Gefühl innerer Erregung und gespannter Erwartung angesichts einer Prüfung oder ähnlichem verbracht. Sie werden sich erinnern, daß dieses Gefühl sein Zentrum ebenfalls in Ihrer Magengegend hatte.

Dies weist Sie auf den seelischen Bereich hin, der dem Nabel-Chakra zukommt – nämlich den des Ich-Bewußtseins, des Machtstrebens und des Ehrgeizes (→ auch Seite 48).

In einer Prüfungssituation erleben wir den Zustand unseres Nabel-Chakras als unangenehm und störend: Es hat sich verkrampft, der Energiefluß ist blockiert. Wenn wir in dieser Prüfung nun gut abgeschnitten haben, entspannt sich das Nabel-Chakra: Unser Ich-Bewußtsein fühlt sich außer Gefahr; die Energie kann wieder frei fließen. Wenn der Energiefluß im Nabel-Chakra über Jahre hinweg blockiert ist, drückt sich dies oft in Magengeschwüren und Verdauungs-störungen aus.

Das, was ich Ihnen am Beispiel des Nabel-Chakras soeben erklärt habe, läßt sich allgemein so formulieren: *Jedes Chakra besitzt einen eigenen Wirkungsbereich, der sich gleichermaßen auf unsere körper-liche Verfassung und auf unser geistig-seelisches Befinden erstreckt* (→ Seite 10).

Entspannt und aufmerksam

Wenn die Energie blockiert ist

Über die Praxis der Chakren-Arbeit

Damit Sie Ihre Übungen möglichst wirkungsvoll durchführen können, möchte ich Ihnen das Wesentliche der Chakren-Arbeit vorab erklären. Bitte lesen Sie diese Erläuterungen aufmerksam durch.

Der Grundkurs: Ein verantwortungsvolles Ich aufbauen

In diesem Buch biete ich Ihnen einen Grundkurs für Ihre Chakren-Arbeit an: einfache, wirkungsvolle Übungen zur Anregung der unteren drei Chakren (➤ Seite 26). Ziel dieser Übungen ist es, ein verantwortungs- volles, funktionstüchtiges Ich aufzubauen.

Einfache Übungen

Sie werden bei der Auseinandersetzung mit dem Wurzel-Chakra, dem Sakral-Chakra und dem Nabel-Chakra Ihren persönlichen Problemen begegnen. Die körperlichen und seelischen Bereiche, denen die Probleme entstammen mögen, finden Sie in der Chakren- Tabelle auf Seite 10 stichwortartig aufgeführt.

Studieren Sie zunächst aufmerksam die Wirkungsbereiche der Chakren. Fragen Sie sich, ob Sie beispielsweise unter Verdauungsstörungen leiden oder ob Sie ein mit sich selbst, dem Beruf oder der Partnerschaft unzufriedener Mensch sind. Machen Sie es sich zur Aufgabe, jeden einzelnen Punkt dieser Tabelle zu überdenken! In der ausführ- lichen Darstellung der Chakren-Arbeit werden Sie die jeweils passen- den Übungen finden (➤ Seite 26).

Zuvor: »Gewissens- erforschung«

Nutzen Sie die Tabelle also als Hilfsmittel zu einer Art »Gewissens- erforschung«. Sie werden so bewußter an die Übungen herangehen und diese mit mehr Gewinn ausführen können.

Art und Ziel der empfohlenen Übungen

Anregung der Energiezentren

Die dargestellten Übungen helfen Ihnen, sich für die Energiefelder Ihres Körpers zu sensibilisieren; sie regen Ihre Chakren an, so daß Sie sich deren Energie bewußt machen und in Ihrem täglichen Leben nutzen können.

Alle Übungen können Sie ohne Risiko in eigener Verantwortung durchführen – ob Sie nun allein oder zusammen mit Freunden üben. Wenn Sie die Übungen allerdings als technische Pflichtübungen praktizieren, werden Sie nur eine geringe Wirkung verspüren; öffnen Sie sich jedoch während des Übens Ihrem Körper und Ihren Gefühlen, dann werden Sie relativ schnell positive Veränderungen bemerken.

Ihre Einstellung bei der Chakren-Arbeit sollte sich stets darauf richten, mit sich und Ihrer Entwicklung Geduld zu haben. Jeder Entwicklung liegt eine eigene Gesetzmäßigkeit zugrunde; wenn wir hier fordern, überfordern wir uns!

Nach drei bis vier Monaten regelmäßigen Übens werden Sie die Erfahrung machen, daß die Chakren in enger Wechselwirkung zueinander stehen. Es wird somit nicht ausbleiben, daß die Anregung der unteren Chakren sich positiv auf die oberen Chakren auswirkt.

Wann Sie einen Lehrer brauchen

Wenn Sie Ihre Chakren nicht nur anregen, sondern deren volle energetische Wirkung kennenlernen möchten, brauchen Sie andere Übungen und unbedingt einen erfahrenen Lehrer. Die Anforderungen, die bei intensiver Auseinandersetzung vor allem mit den oberen vier Chakren an den Übenden gestellt werden, steigen mit dem Voranschreiten. Nur ein gewissenhafter Lehrer kann den Übenden vor Übertreibung und nachteiligen Reaktionen bewahren.

Wissenswertes über die Atmung

Es werden Ihnen in den Übungen zwei besondere Arten zu atmen begegnen, die ich Ihnen hier erklären möchte: die Atempause nach dem Ausatmen und das verbundene Atmen. Ich bitte Sie, diese Erläuterungen sehr aufmerksam zu lesen und sich sorgfältig an die Übungsanleitungen zu halten.

Die Atempause nach dem Ausatmen

Unter der Atempause nach dem Ausatmen ist kein plötzliches, angespanntes Atmen-Anhalten zu verstehen, sondern ein bewußtes Ausklingen-Lassen der Ausatmung. Diese Pause ist ein Moment der Ruhe in der Atmung. Verharren Sie in der Pause so lange, bis sich in Ihnen wieder der Impuls zur Einatmung regt.

Ausatmung ausklingen lassen

Wenn Sie merken, daß Sie nicht entspannt genug sind, um sich in der Atempause wohlzufühlen, dann strecken und dehnen Sie sich, atmen Sie tief in den Bauch ein und seufzen Sie aus tiefstem Herzen. So werden Sie Ihre Ausatmung entspannen, und die anschließende Pause wird sich von selbst einstellen.

Versuchen Sie, Ihre Atmung in diesem Atemvorgang tatsächlich geschehen zu lassen. Es wird Ihnen dies anfangs nur schwer gelingen, denn abzulassen von der uns über Jahre anerzogenen Kontrolle über alle Äußerungen unseres Lebens erfordert oft lange Zeit bewußter Arbeit. Die Bedeutung dieser Atempause liegt aber gerade darin, tatsächlich einen Moment der Ruhe und Passivität zu erleben.

Atmung geschehen lassen

Wir erlauben unseren Energien in der Atempause, sich im unteren Teil unseres Körpers zu sammeln und die dort befindlichen Organe in erhöhtem Maße anzuregen.

Das verbundene Atmen

*Wie das Auf und
Ab einer Welle*

Im verbundenen Atmen versuchen Sie, die Atemphasen – das Einatmen
und das Ausatmen – miteinander zu verbinden. Sie können sich dieses
verbundene Atmen veranschaulichen, indem Sie an das ruhige,
gleichmäßige Auf und Ab einer wellenartigen Bewegung denken.
Nach dem Ausatmen atmen Sie in einem fließenden Übergang wieder
ein, um danach, ohne diese fließende Bewegung zu unterbrechen,
ruhig auszuatmen. Sie müssen sich bei dieser Art zu atmen stets der
Möglichkeit gewärtig sein, unmerklich immer schneller zu atmen und
damit in die Hyperventilation zu geraten. Dies darf keinesfalls geschehen!

Bitte beachten

Wichtig: Hyperventilation heißt übersetzt einfach Überatmung.
Die Folgen der Hyperventilation können Verkrampfungen sein und
starkes Kribbeln im Gesicht, in den Händen und Füßen, Armen und
Beinen. Dazu können Herzklopfen, ein flaues Gefühl im Kopf und
Spannungen in der Magengegend auftreten. Wenn Sie sich genau an
die Anleitungen für die Übungen halten, kann eine Hyperventilation
nicht auftreten. Achten Sie sorgfältig auf Ihre Befindlichkeit während
einer Übung! Sollten Sie Anzeichen einer Hyperventilation verspüren,
brechen Sie bitte die Übung sofort ab, entspannen Sie sich bewußt und
kehren Sie ruhig zu Ihrem gewohnten Atemrhythmus zurück!

Vorübung: Atemgewohnheiten erkennen

Ich empfehle Ihnen, als eine Art Vorübung, einmal auf Ihre Atem-
gewohnheiten zu achten. Beobachten Sie, wie Sie in diesem Augen-
blick atmen. Lassen Sie es bei dieser Beobachtung bewenden.
Sie werden so nach einer Weile wahrnehmen können, wie sich Ihre
Atmung in unterschiedlichen Situationen verändert.
Der Sinn dieser Empfehlung liegt darin, eine liebevolle Aufmerksamkeit
für die eigene Atmung zu entwickeln. Dies wird es Ihnen erleichtern,
entspannter und gelassener an die Atemübungen heranzugehen.
Die Hyperventilation stellt einen Extremfall von verkrampfter und viel
zu schneller Atmung dar, deren Ursachen gerade darin liegen,
daß der Atmende dem selbständigen Funktionieren seiner Atmung,
seinem eigenen Atemrhythmus zu wenig vertraut.
Wenn Sie also im täglichen Leben – nicht in den Übungen – Ihre
Atmung näher kennengelernt haben, gibt Ihnen dies ein Maß an die
Hand, auf das Sie sich in den Übungen immer beziehen sollten.
Atmen Sie in den Übungen auf keinen Fall schneller, als Sie es gewohnt
sind.

*Nur beobachten –
nicht werten*

Regeln für die Atemübungen

Ich möchte Ihnen nun eine Zusammenfassung der Regeln geben,
an die Sie sich bei allen Atemübungen halten müssen:

Bitte beachten

- Bleiben Sie stets entspannt und gelassen. Der Nutzen einer Atem-
übung hängt vor allem von dem Grad der Entspanntheit und dem Grad
der Aufmerksamkeit ab, den Sie bei einem Atemvorgang besitzen.
- Forcieren Sie Ihre Atmung nicht!
- Atmen Sie nie schneller oder tiefer als sonst.
- Schöpfen Sie nie Ihre volle Lungenkapazität aus.
- Atmen Sie stets durch die Nase ein und aus.
- Atmen Sie immer in den Bauch beziehungsweise ins Becken;
das heißt: Folgen Sie Ihrem Atem aufmerksam bis hinein in Bauch
und Becken.

Aufmerksam und bewußt üben: die meditative Einstellung

Die Meditation stellt zwar einen wesentlichen Bestandteil der Chakren-Arbeit dar, ist jedoch als tiefgehende geistige Disziplin der fortgeschrittenen Arbeit mit den Chakren vorbehalten. Für den Übungsweg, den dieses Buch beschreibt, genügt es, wenn Sie sich eine meditative Einstellung aneignen.

Die wichtigste Voraussetzung besteht darin, den eigenen Gefühlen und Gedanken sowie der Umwelt gegenüber einen gewissen Abstand zu wahren. Sie können diesen Abstand herstellen, indem Sie in ruhiger Aufmerksamkeit das betrachten, was auf Sie zukommt.

Für die meditative Einstellung ist eine Aufmerksamkeit kennzeichnend, die voreiliges Handeln und schnelles Urteilen unmöglich macht.

Üben in innerer Sammlung

Wenn also in den Übungsanleitungen von einer meditativen Einstellung die Rede ist, verstehen Sie dies bitte als Aufforderung, in innerer Sammlung, aufmerksam und bewußt die jeweilige Übung auszuführen. Dies wird Sie schließlich dahin bringen, entspannter und besonnener mit sich und Ihren Energien umzugehen.

18

Innere Bilder wahrnehmen: die Visualisierung

Visualisierung bedeutet, sich etwas bildlich vorzustellen. Sie können sich sehr einfach klarmachen, was damit gemeint ist:
Stellen Sie einen beliebigen Gegenstand vor sich hin und betrachten Sie ihn. Wenn Sie ihn gründlich angeschaut haben, schließen Sie die Augen. Versuchen Sie jetzt, mit Ihrem geistigen Auge diesen Gegenstand in seiner Farbigkeit, in all seinen Einzelheiten zu sehen.

Sich etwas bildlich vorstellen

Wenn Ihnen dies nicht gelingt, öffnen Sie die Augen und betrachten den Gegenstand nochmals. Schließen Sie die Augen wieder, versuchen Sie abermals, ein inneres Bild herzustellen.
Die Fähigkeit, etwas zu visualisieren, hängt sowohl von unserem Konzentrationsvermögen als auch von unserer visuellen Begabung ab. Oft erfordert es einige Zeit des steten Übens, bevor die Fähigkeit zur genauen Visualisierung sich einstellt. Lassen Sie sich von Mißerfolgen bitte nicht beirren; jeder Mensch kann diese Fähigkeit erwerben – Sie auch!

Vorsätze gedanklich bekräftigen: die Affirmation

Wörtlich übersetzt heißt Affirmation »Bekräftigung«. In unserem Zusammenhang liegt der Wert einer Affirmation in der gedanklichen Bekräftigung eines Vorhabens, das wir bereits begonnen haben oder erst beginnen wollen. Eine Affirmation formuliert also in prägnanter Weise einen Sachverhalt, den wir verwirklichen wollen. Je kürzer und bestimmter eine Affirmation formuliert ist, desto nachhaltiger ist ihre Wirkung.

Ein Beispiel mag Ihnen deutlich machen, was hier gemeint ist: Wenn Sie sich hinsetzen oder hinlegen, um sich zu entspannen, wird die Affirmation »Ich bin entspannt und ruhig«, einige Male innerlich gesprochen, Sie bald in einen entspannten Zustand versetzen. Wenn Sie Ihrer Affirmation jedoch einen zweifelnden, unbestimmten und unklaren Ausdruck verleihen – beispielsweise »Ich möchte versuchen, mich etwas zu entspannen« –, öffnen Sie der Möglichkeit, daß Ihr Vorhaben mißlingt, Tür und Tor. Sie sollten sich in diesem Fall prüfen, ob Sie eigentlich wollen, was Sie sich vorgenommen haben.

Kurz, bestimmt formulieren

Formulieren Sie eine Affirmation niemals negativ. Sagen Sie sich also nicht »Ich bin nicht verspannt und unruhig«. Da das Wort »nicht« selbst keinen Inhalt beschreibt, wird Ihr Unbewußtes nur auf die Wörter »verspannt« und »unruhig« reagieren, Ihr Körper wird sich noch mehr verkrampfen.

Als Tatsache vorstellen

Stellen Sie etwas, das Sie möchten, in einer Affirmation auch immer als schon erreichte Tatsache dar. Die Affirmation muß also immer in der Präsens-Form formuliert werden.

Hilfreich ist es, sich die Wörter einer Affirmation lebhaft zu veranschaulichen. Das Wort »ruhig« aus unserem Beispiel wird, wenn es innerlich ruhig gesprochen wird, seine Wirkung nicht verfehlen.

Das Üben vorbereiten

Bevor Sie nun mit den Übungen beginnen, möchte ich Ihnen noch einige Dinge erläutern, die Ihnen helfen werden, die größtmögliche Wirkung der Übungen zu erreichen.

Übungspläne erstellen

Wie schon gesagt, besteht das Ziel der Übungen darin, Ihnen zu mehr Selbständigkeit und mehr Sicherheit zu verhelfen. Ich habe aus diesem Grund weitgehend darauf verzichtet, Ihnen genaue Übungspläne zu erstellen, da das selbständige Erarbeiten eines Übungsplanes schon einen wichtigen Schritt zur Eigenverantworlichkeit darstellt.

Wenn Sie ein Jahr lang mit den vorgestellten Übungen gearbeitet haben, werden Sie in der Lage sein, eigene Übungen, die Ihnen Ihr Körper und Ihre Seele nahelegen, zu entwickeln. Sie werden feststellen, daß Sie sich ein deutliches Gespür für Ihre körperlichen und seelischen Bedürfnisse angeeignet haben. Dieses Gespür wird Sie anleiten, für Sie förderliche Übungen zu entdecken und Ihrem täglichen Leben entsprechende, realistische Übungspläne zu erstellen.

Gestalten Sie Ihre Übungspläne nicht zu umfangreich.

Es ist sinnvoller, sich mit wenigem zufriedenzugeben und dies gründlich auszuführen, als sich zu überfordern und den Überblick zu verlieren.

*Ihr Gespür wird
Sie leiten*

Entspannung ist Voraussetzung für den Erfolg der Chakren-Arbeit. Beginnen Sie eine Übung nur in entspanntem Zustand. Um sich zu entspannen, legen Sie sich flach auf den Boden, schließen die Augen und sagen sich innerlich einige Male vor: »Ich bin angenehm ruhig und entspannt.«

Die richtigen Voraussetzungen schaffen

- Üben Sie in einem hellen, gut durchlüfteten Raum.
- Sorgen Sie dafür, daß Sie für die Zeit der Übung von nichts und niemandem gestört werden. Stellen Sie Ihr Telefon und Ihre Türklingel leise.

Bitte beachten

- Alle Körper-, Atem- und Meditationsübungen sollten auf einem harten Boden ausgeführt werden. Sie können einen Teppich oder eine Decke benutzen, die Unterlage darf aber nicht zu weich sein.
- Üben Sie in leichter Kleidung, die Sie nicht beengt.
- Führen Sie Ihre Übungen niemals mit vollem Magen oder nach dem Genuß von Alkohol aus.
- Beginnen Sie eine Übung nie in Eile.
- Lassen Sie es sich ein Anliegen sein, sich konzentriert auf jede Übung vorzubereiten.

Vor dem Üben: entspannen!

Die Beseitigung von Spannungen und Verkrampfungen ist Vorbedingung für eine erfolgreiche Chakren-Arbeit. Bevor Sie eine Übung beginnen, sollten Sie sich stets fragen, ob Sie tatsächlich entspannt sind.

Hilfen

Bemerken Sie verspannte Stellen in Ihrem Körper, wird es Ihnen helfen, sich auf den Rücken zu legen, die Augen zu schließen und sich innerlich einige Male vorzusagen: *»Ich bin angenehm ruhig und entspannt.«*

Eine andere Methode, Verspannungen zu lösen: Spannen Sie die verspannte Stelle Ihres Körpers so stark wie möglich an; nach einer kleinen Weile lassen Sie dann plötzlich jede Spannung los. Sie werden feststellen, daß diese Art, sich zu entspannen, sehr wirkungsvoll ist.

Chakren – Wege zum eigenen Selbst

Anders als die Tabelle auf Seite 10/11, die Ihnen die Wirkungsbereiche der Chakren zeigt, dient diese Tabelle eher dazu, Ihnen auf meditative Weise Zugang zu der Welt der Chakren zu eröffnen – sie stellt gewissermaßen eine Pforte dar, durch die Sie, Ihrer Neigung entsprechend, Eingang finden können.

Sie sind beim Studium dieser Tabelle dazu aufgefordert, Ihre Kreativität und Ihr Wahrnehmungsvermögen zu wecken und einzusetzen.

Nehmen Sie sich beispielsweise die Farbe Rot vor. Welche Bedeutung hat diese Farbe für Sie? Versuchen Sie zu erforschen, weshalb die Farbe Rot einen Schlüssel zum Wirkungsbereich des Wurzel-Chakras darstellt. Gehen Sie nun weiter zu dem Element, das dem Wurzel-Chakra zugeordnet ist. Welchen symbolischen Wert besitzt die Erde für Sie? Unterscheiden Sie dabei zwischen der Erde als Planet und der Erde des Ackers. Betrachten Sie, auf diese Weise fragend, jede einzelne Zuordnung.

Die Lage der einzelnen Chakren entspricht genau der Lage der jeweiligen Drüse in unserem Körper. Die Entspannung der Chakren stärkt somit die entsprechende Drüse und harmonisiert deren Zusammenspiel mit den anderen Drüsen. Gerade das harmonische Zusammenspiel dieser Drüsen bestimmt im wesentlichen das Wohlbefinden des Menschen.

Name des Chakras	Hormondrüse
Wurzel-Chakra Muladhara	Nebenniere
Sakral-Chakra oder Sexual-Chakra Svadisthana	Keimdrüsen
Nabel-Chakra oder Solarplexus-Chakra Manipura	Pankreas
Herz-Chakra Anahata	Thymusdrüse
Kehl-Chakra Vishudda	Schilddrüse
Stirn-Chakra oder Drittes Auge Ajna	Hypophyse
Kronen-Chakra Sahasrara	Epiphyse

Sinn	Element	Farbe
Geruch	Erde	Rot
Geschmack	Wasser	Orange
Sehen	Feuer	Gelb
Tasten	Luft	Grün
Hören	Äther	Blau
————	————	Violett
————	————	alle Regenbogen-farben

Grundkurs:
Ein verantwortungsvolles Ich aufbauen
Das Wurzel-Chakra

Muladhara

Lage: Damm, zwischen den Genitalien und dem After.
Körperliche Wirkung: Entspannung der Wirbelsäule; nervliche Beruhigung; Sexualität (im Zusammenhang mit dem Sakralzentrum).
Seelische Wirkung: Überwindung von Antriebsstörungen; loslassen können.
Endokrine Drüse: Nebenniere.
Sinn: Geruch.
Element: Erde.
Farbe: Rot.

Tatkraft im Alltag anregen

Das Wurzel-Chakra ist das unterste Chakra des Körpers. Seiner Lage entsprechend, besitzt es eine Verbindung zu dem untersten Bewußtseinsbereich – nämlich dem des alltäglichen Lebens.

Wenn Sie morgens aus dem Bett aufstehen, um Ihre Arbeit tatkräftig anzugehen, dann hängt dies mit der Energie zusammen, die Ihnen aus diesem Chakra zufließt.

Wenn Sie dagegen unter Antriebsstörungen leiden, sich morgens lieber die Decke über den Kopf ziehen wollen, statt den Tag zu beginnen, wenn Sie von möglicherweise unberechtigten Sorgen und Ängsten heimgesucht werden, wenn Sie am Sinn Ihrer täglichen Arbeit zweifeln, dann ist dieses Basiszentrum geschlossen. Es versorgt Sie nicht mehr mit der Energie, die Sie befähigt, tatkräftig ins Leben hinauszugehen.

Allgemein kann man sagen, daß die Bewältigung des alltäglichen Lebens – also Ihre Erdung – von dem Energieniveau des Wurzel-Chakras abhängt.

Das Wurzel-Chakra bildet, entsprechend
seiner Lage, die Basis für Ihre weitere
Arbeit mit den Chakren. Versuchen Sie,
ein Gespür für Ihr Wurzel-Chakra zu bekommen,
indem Sie eine Hand locker auf das Ende
Ihrer Wirbelsäule legen.

Dieser Bedeutung folgend, sind die Füße diesem Zentrum als der Teil Ihres Körpers zugeordnet, in dem Sie Ihre Erdung unmittelbar erleben. Der holländische Körpertherapeut Dr. A. H. S. Stermerding schrieb dazu: »Der Boden wird erst in dem Moment zum tragenden Grund, wenn wir mit unserer Aufmerksamkeit an der Basis gegenwärtig sind – ohne bewußte Anwesenheit in den Füßen gibt uns der Boden keine kraftvolle Unterstützung oder sichere Basis.«

Die Energie dieses Chakras wirkt auch stärkend auf die Wirbelsäule. Sie können an sich selbst beobachten, daß Sie sich nicht mehr geradehalten, wenn Sie sich energie- und antriebslos fühlen.

Es gibt also zwei Erscheinungsformen eines geschlossenen Wurzel-Chakras: Zum einen die Energie- und Antriebsschwäche, zum anderen eine körperliche und geistig-seelische Unbeweglichkeit, die Sie aus dem Fluß des Lebens bringt und Ihnen die Bewältigung Ihrer Lebensaufgaben als schwere Bürde erscheinen läßt.

Wie kann man die Energie des Wurzel-Chakras befreien und zu einem erfüllten Leben nutzen?

Einen Spannungsimpuls ausüben

Über die Hände

Einem elektrischen Stromkreis vergleichbar, werden bei dem Energie-Kreislauf des Körpers die Eintritt- und Austrittstellen der Energie als verschieden gepolt angesehen. Die rechte Hand wird als positiv (gebend) gepolt betrachtet, die linke Hand als negativ (nehmend) gepolt. Deshalb können Sie mit der folgenden Übung auf das unterste Chakra einen Spannungsimpuls ausüben, der die Energie wieder zum Fließen bringt (➞ Foto Seite 31).

Die Übung vorbereiten

Ruhig und gelassen

Am besten führen Sie diese Übung morgens im Bett aus. Nachdem Sie aufgewacht sind, dehnen und strecken Sie sich. Erledigen Sie nun in Ruhe all die Dinge, die Ihren Tag beginnen lassen. Es ist ratsam, daß Sie Ihr Zimmer kurz lüften und ein kleines Frühstück zu sich nehmen. Legen Sie sich danach wieder ins Bett. Ich empfehle Ihnen, den Wecker nochmals zu stellen, da Sie während der Übung einschlafen können. Sie benötigen für diese Übung etwa fünf Minuten.

Der Übungsablauf

Legen Sie sich bequem auf die linke Seite. Die rechte Hand berührt von hinten, am Ende der Wirbelsäule, das Wurzel-Chakra, während die linke Hand locker auf Ihrem Scheitel ruht. Atmen Sie dabei ruhig und regelmäßig. In dieser Stellung verharren Sie etwa zwei Minuten. Drehen Sie sich dann auf den Rücken. Versuchen Sie, Ihren Atemrhythmus wahrzunehmen, ohne ihn zu verändern. Ihre Atmung sollte weiterhin ruhig und regelmäßig fließen. Legen Sie nach jedem entspannten Ausatmen eine kurze Atempause ein. Das Wichtigste in der Atempause, das möchte ich hier nochmal betonen, ist entspannt zu bleiben. Gönnen Sie sich diesen Moment der Ruhe, bis Sie, Ihrem natürlichen Bedürfnis folgend, wieder einatmen.

Dieses Atmen mit Pause führen Sie etwa drei Minuten lang durch. Achten Sie darauf, während der ganzen Übung Ihre Konzentration auf das Ende der Wirbelsäule gerichtet zu halten.

Nach diesen beiden Übungssequenzen bleiben Sie noch eine Weile liegen und werden sich bewußt, wie Sie sich fühlen. Vielleicht spüren Sie in Ihrem Körper ein leichtes Kribbeln, ein angenehm fließendes Gefühl – das wäre der Beweis dafür, daß Ihre Energie angeregt ist. Bevor Sie aufstehen, sagen Sie sich zum Abschluß der Übung eine für dieses Gebiet hilfreiche Affirmation einige Male kräftig vor: *»Ich bin energievoll und tatkräftig!«*

Die Atmung fließt ruhig und regelmäßig

Einen Spannungsimpuls ausüben: Während Sie
auf Ihr Wurzel-Chakra einen Spannungsimpuls ausüben,
ist es wichtig, entspannt und ruhig zu bleiben.
Jede Verkrampfung mindert die Wirkung der Übung.

Die bioenergetische Hocke

Als Körperübung, die Sie im Anschluß an die gerade dargestellte Übung ausführen können, empfehle ich Ihnen die bioenergetische Hocke. Gehen Sie aus dem Stand langsam in die Hocke, wobei Ihre Fußsohlen fest am Boden bleiben. Wenn es Ihnen schwerfällt, in der Hocke die Füße von der Ferse bis zu den Zehen auf dem Boden zu lassen, dann legen Sie eines oder mehrere Bücher unter die Fersen. Halten Sie Ihren Rücken gerade, bringen Sie die Arme zwischen die Knie und falten Sie die Hände. Es wird Ihnen nicht sofort gelingen, sich im Gleichgewicht zu halten. Balancieren Sie sich dadurch aus, daß Sie den Abstand, in dem Ihre Füße nebeneinander stehen, vergrößern oder die Arme weiter nach vorne bringen.

Die Idealform der bioenergetischen Hocke: Die Füße des Übenden stehen parallel und eng beieinander, der Rücken ist kerzengerade aufgerichtet, und die Arme sind so angewinkelt, daß die gefalteten Hände das Brustbein berühren. Diese Idealform ist für jeden nach einiger Zeit des Übens zu erreichen (➤ Foto Seite 36).

Verharren Sie in der Ihnen gemäßen Form der Hocke drei Minuten lang, während Sie ruhig und regelmäßig atmen.

Der wichtigste Aspekt dieser Übung liegt darin, sich der Verbindung zwischen Ihren Füßen und dem Boden, auf dem Sie hocken, intensiv bewußt zu werden. Versuchen Sie ein Gefühl dafür zu entwickeln, wie sich diese Verbindung mit jedem Ein- und Ausatmen verstärkt. Achten Sie sorgfältig darauf, daß Ihre Atmung sich nicht beschleunigt.

Nach Ablauf der drei Minuten legen Sie sich entspannt auf den Rücken; die Arme ruhen entspannt neben dem Körper. Versuchen Sie, den Boden, auf dem Sie liegen, mit Ihrem ganzen Körper zu spüren. Nach etwa drei Minuten beenden Sie die Übung mit der Affirmation: *»Ich bin energievoll und tatkräftig!«*

Eine Hilfe, wenn es nicht gleich gelingt

Ruhig atmen, nicht verspannen

Bioenergetische Hocke: Anfängliche
Schwierigkeiten, in dieser Stellung die
Balance zu halten, können Sie beseitigen,
indem Sie ein oder zwei Bücher unter
Ihre Fersen legen.

Wie immer Sie diese Übung ausführen –
wichtig ist stets, daß Sie den Rücken
geradehalten und die Hände vor der
Brust aneinanderlegen.

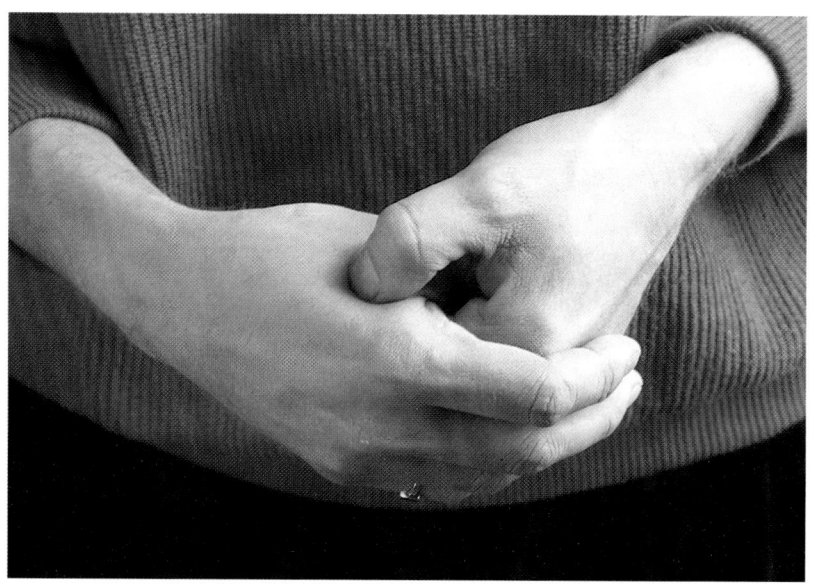

Die Massage der Hände, vor allem der Stelle zwischen Daumen und Zeigefinger, regt in hohem Maß die Funktion der inneren Organe an.

Die inneren Organe anregen

Wann immer Sie Gelegenheit dazu haben

In den Händen und Füßen befinden sich Nervenpunkte, die über Nervenbahnen mit den inneren Organen des Körpers verbunden sind. Indem Sie diese Punkte massieren, übermitteln Sie feine elektrische Impulse an die Organe und regen diese dadurch an. Es ist nicht nötig, daß Sie die Lage dieser Nervenpunkte in Ihren Händen und Füßen genau kennen. Wenn Sie Ihre Hände und Füße so massieren, daß Sie sie einfach kräftig durchkneten, erreichen Sie damit auf jeden Fall die gewünschte Wirkung.
Betrachten Sie dieses Massieren als Ergänzung zu den Übungen, die Sie, wann immer Sie Gelegenheit dazu haben, durchführen sollten.

Die Hände massieren

Mit dem Daumen massieren

Nach einiger Zeit des Übens werden Sie die bioenergetische Hocke so gut beherrschen, daß Sie bequem in dieser Stellung verharren können. Während Sie diese Übung ausführen und das Balance-Halten Ihnen keine Schwierigkeiten mehr bereitet, können Sie zusätzlich den Zwischenraum zwischen Daumen und Zeigefinger an beiden Händen abwechselnd massieren. Um mehr Druck ausüben zu können, massieren Sie mit dem Daumen.
Bei der bioenergetischen Hocke befinden sich die inneren Organe in ihrer idealen Lage. Die Massage der Hände ist hier also sehr nützlich.

Die Füße massieren

Eine andere Form der Massage, die ebenfalls hilfreich und anregend wirkt, ist die Fußreflexzonen-Massage. Diese Massage muß nicht unbedingt von einem Masseur ausgeübt werden; Sie können sich auch selbst helfen. Gewöhnen Sie es sich an, nach dem Duschen oder Baden Ihre Füße kräftig zu massieren.

Die Idealform
der bioenergetischen
Hocke ist erreicht,
wenn Ihre gefalteten
Hände das Brustbein
berühren, und die Füße
ohne Unterlage fest
auf dem Boden stehen.

36

Regelmäßig üben

Führen Sie in den ersten zwei Wochen die beiden Grundübungen –
die Übung mit der Atempause und die bioenergetische Hocke –
regelmäßig zu folgenden Zeiten durch:

*Aktivierung
der Disziplin
als Übung*

Übung mit der Atempause nach dem Aufwachen etwa fünf Minuten
lang. Danach die bioenergetische Hocke etwa drei Minuten.
Wenn Sie morgens keine Zeit hatten, üben Sie die bioenergetische
Hocke abends – sozusagen zur Einleitung des Feierabends.
Die Hocke sollten Sie wieder etwa drei Minuten lang halten,
sich danach mindestens drei Minuten lang flach auf den Boden legen
und tief entspannen.
Führen Sie die Übungen bitte nach diesem einfachen Schema durch.
Sie werden sehen, daß dies ein Zeitplan ist, den Sie gut einhalten
können.
Betrachten Sie die Aktivierung der Disziplin, die Sie benötigen,
um täglich zu üben, als Bestandteil dieser Übungen.
Dies ist der erste Schritt aller hier vorgestellten Übungen: die Aktivierung
der eigenen Disziplin – eine typische Aufgabe des Wurzel-Chakra.

Das Sakral-(Sexual-)Chakra

Svadisthana

Lage: Zwischen dem fünften Lendenwirbel und dem Kreuzbein; Schambeingegend.

Körperliche Wirkung: Regelt die Verdauung und den Flüssigkeits-haushalt im Körper. Beeinflußt die Sexualität in all ihren Aspekten (zusammen mit dem Wurzel-Chakra).

Seelische Wirkung: Hingabe, sich einlassen auf andere, Abbau innerer Spannungen.

Endokrine Drüse: Keimdrüsen.

Sinn: Geschmack.

Element: Wasser (Symbol des Gefühls).

Farbe: Orange (die wärmste Farbe des Spektrums).

Dem Sakral-Chakra ist das Element des Wassers zugeordnet. Die Idee dieser Zuordnung beruht auf dem symbolischen Wert, den das Wasser für die Bedeutung des Sakral-Chakras besitzt. Versuchen Sie einmal, die Qualität des Wassers zu benennen. Das Wasser fließt; es ist naß; und es besitzt eine Beweglichkeit, die es ihm erlaubt, keine vorgegebenen Grenzen anerkennen zu müssen. Wenn Sie diese Eigenschaften der Reihe nach untersuchen und in ihnen die bildhafte Darstellung menschlicher Vorgänge erkennen, werden Sie die Bedeutung verstehen, die das Sakral-Chakra für Ihr Leben besitzt.

Sich dem Leben anheimgeben

Die Energie dieses Chakras bestimmt, inwieweit Sie in der Lage sind, eine vertrauensvolle und zugleich lebendige Beziehung zu anderen Menschen einzugehen. Es geht um das Vermögen, Ihren Gefühlen freien Lauf zu lassen und sich einem anderen Menschen, oder, allgemein gesprochen, dem Leben voll hinzugeben.

Das Sakral-Chakra befindet sich
etwas oberhalb des Schambeins.
Die Energie dieses Chakras bestimmt
die Lebendigkeit Ihrer Beziehung
zu anderen Menschen.

Dieses Vermögen setzt allerdings die Bereitschaft voraus, wirkliche Nähe mit anderen zuzulassen, ohne den eigenen oder den Gefühlen anderer gegenüber Scheu oder gar Widerwillen zu empfinden. Es setzt also Ihre Bereitschaft voraus, den zwischenmenschlichen Umgang mit all seinen oftmals chaotischen Verflechtungen als eigentliche Basis Ihres Lebens zu begreifen und anzunehmen.

In der Sexualität geschieht es auf unmittelbarste Weise, mit dem anderen ein Gefühl der Geborgenheit, der Nähe und zugleich des lebendigen Austauschs zu erleben.

Die Übungen, die ich Ihnen zu diesem Chakra gebe, sollen Ihnen helfen, »unverdaute« Gefühle und die daraus entstehenden Spannungen abzubauen. Sie werden so ungezwungener und freier anderen Menschen begegnen können.

Über das Geben und Nehmen: eine Atemvorübung

Ein greifbares Mittel, den Zustand dieses Chakras zu überprüfen,
ist Ihnen in Ihrer Atmung gegeben. Die Art Ihrer Atmung gibt Ihnen einen
deutlichen Hinweis darauf, ob Sie eher dem Nehmen oder eher
dem Geben zuneigen.

Legen Sie sich auf den Rücken und entspannen Sie sich. Richten Sie
nun Ihre Aufmerksamkeit auf den Fluß Ihres Atems. Versuchen Sie fest-
zustellen, welche Richtung der Atmung Sie bevorzugen: das Einatmen
oder das Ausatmen. Erinnern Sie sich in dieser Übung daran, daß Sie
in Ihrer Atmung entspannt und passiv bleiben sollten. Lassen Sie Ihren
Atem geschehen, aber beobachten Sie ihn. Wird eher das Ausatmen
betont, geben Sie oft mehr, als Sie sich zu nehmen getrauen; betonen
Sie hingegen eher das Einatmen, nehmen Sie leicht mehr auf, als Sie zu
verarbeiten in der Lage sind. In beiden Fällen sollten Sie an diesem
Chakra arbeiten, mit dem Ziel einer ausgewogenen Atmung.

Beenden Sie diese Vorübung nach etwa drei Minuten.

Eine hilfreiche Affirmation, die Sie anschließen können, lautet:
»Ich bin in Harmonie mit meiner Umwelt!«
Sagen Sie sich diesen Satz dreimal konzentriert vor. Diese Übung stellt
gewissermaßen eine Vorübung dar, die Ihnen bewußt machen kann,
ob Sie in der Beziehung zu anderen Menschen eher derjenige sind,
der gibt, oder jener, der nimmt.

*Den Atemfluß
entspannt
beobachten*

41

Das Sakral-Chakra nachhaltig anregen: eine Atemübung

Eine intensive Arbeit mit dem Sakral-Chakra ermöglicht die folgende Atemübung. Vergleichen Sie bitte diese Übung mit der Atemübung zum Wurzel-Chakra. Sie verläuft in ähnlicher Weise.

Auf die Übung einstimmen

Nachdem Sie morgens aufgewacht sind, stimmen Sie sich, während Sie Ihr Zimmer kurz lüften und eine Kleinigkeit frühstücken, auf die bevorstehende Übung ein. Legen Sie sich danach wieder ins Bett. Während Sie sich auf dem Rücken liegend entspannen, achten Sie auf den Fluß Ihres Atems. Wenn dieser ruhig und regelmäßig fließt, legen Sie nach jedem Ausatmen eine kurze Atempause ein, bis sich Ihr Impuls zur Einatmung wieder meldet. Da Sie inzwischen eine gewisse Vertrautheit damit haben, bewußt und entspannt zu atmen, wird es

Den Atemfluß »begleiten«

Ihnen nicht schwerfallen, Ihre Konzentration während dieser Übung auf den Genitalbereich und das Sakral-Chakra gerichtet zu halten. Falls Sie eine leichte Erregung dabei spüren, sollten Sie diese zulassen und als Äußerung der Lebendigkeit Ihres Körpers begrüßen.

Führen Sie die Übung etwa fünf Minuten lang durch. Danach legen Sie beide Hände von vorne auf das Sakral-Chakra. Bleiben Sie so etwa drei Minuten liegen und spüren die Erwärmung dieses Energie-Zentrums.

Beenden Sie diese Übung mit der Affirmation:
»Ich bin in Harmonie mit meiner Umwelt!«.

Die Beckengegend entspannen: eine Körperübung

*»Schmetterling« –
eine Yoga-Übung*

Zusätzlich zu den Atemübungen können Ihnen Körperübungen gut
helfen, das Sakral-Chakra anzuregen. Die klassische Yoga-Position
hierfür ist der »Schmetterling«. Diese Übung dient dazu, die Muskeln an
der Beininnenseite weich und nachgiebig werden zu lassen.

Setzen Sie sich mit aneinanderliegenden Fußsohlen auf den Boden und
lassen Sie die angezogenen Beine locker nach rechts und links zur
Seite fallen. Dann umfassen Sie mit beiden Händen die Füße und
ziehen diese so nah wie möglich an den Körper heran. Lassen Sie
dann Ihre Knie in einer elastischen Bewegung locker auf und ab
wippen – etwa fünfundzwanzigmal. Lehnen Sie sich nun nach vorne
und versuchen Sie, den Kopf bis an die Füße zu bringen. Halten Sie
Ihre Füße dabei weiterhin mit den Händen umfaßt. Bleiben Sie drei
Sekunden in dieser vornübergebeugten Haltung. Richten Sie dann Ihre

Nichts erzwingen

Wirbelsäule wieder gerade auf. Nach einer kurzen Weile versuchen
Sie nochmals, Ihren Kopf bis an die Füße zu bringen.

Nach drei Versuchen legen Sie sich entspannt auf den Rücken,
strecken Ihre Beine, wobei die Fußspitzen nach außen zeigen.
Konzentrieren Sie sich, während Sie so liegen, auf Ihr Sexual-Chakra.
Nach drei Minuten beenden Sie diese Übung mit der folgenden
Affirmation: *»Ich bin in Harmonie mit meiner Umwelt!«*.

Bei dieser Übung ist es wichtig, die Knie niemals mit Gewalt hinunter-
zudrücken. Es würde dabei ein Dehnreflex eintreten, der die Muskeln
automatisch anspannt. Dieser Dehnreflex ist als Schmerz deutlich
spürbar.

Der »Schmetterling«
ist eine bekannte
Yoga-Stellung.
Versuchen Sie bitte
nicht, den Kopf mit
Gewalt bis an die Füße
zu bringen.
Bei regelmäßigem
Üben werden Sie schon
bald um einiges
gelenkiger sein.

Das Schmecken verfeinern: eine Meditation

Der diesem Chakra entsprechende Sinn ist der Geschmack.
Ich möchte Ihnen, damit Sie sich der Qualität dieses Sinns intensiv
bewußt werden, eine Meditation vorschlagen. Die tiefgreifende
Wirkung dieser Meditation entfaltet sich allerdings nur dann, wenn sie
mindestens ein halbes Jahr lang täglich ausgeführt wird.

*Dem Atem mit
der Wahrnehmung
»folgen«*

Setzen Sie sich bequem auf den Boden oder auf einen Stuhl. Entspannen Sie sich, halten Sie Ihren Rücken gerade und schließen Sie die
Augen, wobei Sie ruhig atmen. Konzentrieren Sie sich nun auf Ihre
Zungenspitze. Stellen Sie sich vor, daß Sie beim Einatmen Ihren Atem
von den Genitalien bis in Ihre Zungenspitze hochleiten. Während Sie
also einatmen, richten Sie Ihre Aufmerksamkeit auf Ihre Genitalien.
Begleitet von Ihrer Einatmung, wandern Sie nun langsam in Gedanken
durch Ihren Körper, bis Sie Ihre Zungenspitze erreicht haben. Nach der
Einatmung atmen Sie entspannt wieder aus. Führen Sie diese Übung
nicht länger als fünf Minuten durch.

Die Farbe Orange meditativ erleben

Da dem Sakral-Zentrum die Farbe Orange zugeordnet ist, kann eine
eingehende Beschäftigung mit dieser Farbe dazu beitragen, die
Energien dieses Zentrums anzuregen. Machen Sie sich also mit der
Farbe Orange vertraut, während Sie an Ihrem Sakral-Chakra arbeiten.
Hilfreich ist es, auf all das in Ihrer Umgebung zu achten, was orange
ist. Sie können aber auch Malblock und Malzeug zur Hand nehmen

*Sie können auch
orangefarbige
Bilder malen*

und orangefarbige Bilder malen, einfarbig orange – die Bilder sollten
also nur die Farbe Orange in verschiedenen Abstufungen enthalten.
Die Wirkung dieser Farbe auf Ihr Chakra hängt weitgehend ab
von Ihrer inneren Einstellung, mit der Sie an diese Farbe herangehen.
Diese Einstellung sollte, wie bei allen Übungen zu den Chakren,
meditativ sein.

Orange visualisieren

Eine besondere Übung im Zusammenhang mit der Farbe Orange besteht in der folgenden Visualisierungsübung.

Setzen Sie sich mit gerade aufgerichteter Wirbelsäule auf einen Stuhl oder auf den Boden, und entspannen Sie sich. Schließen Sie die Augen und versuchen Sie, die Farbe Orange zu visualisieren.

Geduld üben

Dazu gehört einige Übung! Seien Sie nicht enttäuscht, wenn Ihnen dies nicht sofort gelingt. Sie werden feststellen, daß die Unruhe Ihrer Gedanken Ihre Versuche immer wieder vereitelt. Lassen Sie sich jedoch nicht abbringen! Bleiben Sie etwa fünfzehn Minuten lang sitzen (Wecker!). Wenn Sie nach einiger Zeit das Orange klar vor Ihrem inneren Auge sehen, versuchen Sie, es in Bewegung zu bringen und Formen bilden zu lassen. Dies wird Ihnen gelingen, wenn Sie sich verschiedene Orange-Abstufungen oder verschieden orangefarbene Gegenstände vorstellen. Lassen Sie Ihrer Phantasie freien Lauf!

Die Phantasie nutzen

Nach Ablauf der fünfzehn Minuten beenden Sie diese Visualisierungsübung. Öffnen Sie Ihre Augen, und besinnen Sie sich auf Ihre Umgebung. Gehen Sie nun daran, mit stark verdünnter Aquarellfarbe ein Bild einfarbig orange zu gestalten.

Da diesem Chakra das Element Wasser* zugeordnet ist, dient die starke Verdünnung der Farbe gerade dazu, diese Bedeutung deutlich zum Ausdruck zu bringen. Lassen Sie es nach der Visualisierungsübung damit bewenden, nur ein einziges Bild zu malen. Bemühen Sie sich also nicht, ein besseres Bild zu malen, das Ihrem Kunstverständnis vielleicht eher entsprechen mag. Es kommt bei dieser Malübung nicht darauf an, ein »gutes Bild« zu malen. Ausschlaggebend ist einzig die praktische Auseinandersetzung mit der Farbe Orange.

Nur ein Bild malen

Dieses Bild stellen Sie nun sichtbar in Ihrer Wohnung auf, so daß Sie es, wann immer Sie daran vorbeikommen, anschauen können.

*Das Wasser ist ein altes Symbol für das Gefühl (schon seit spätestens den Anfängen der Alchemie). Wasser und Gefühl werden durch den Mond verbunden, der beides regiert. Der Mond ist folgerichtig diesem Chakra als Planet zugeordnet.

Ein Gefühl für die eigenen Bilder entwickeln

Wenn Sie sich für diese Übung, Visualisierung mit anschließender Malübung, täglich Zeit nehmen, werden Sie bald eine ganze Reihe von orangefarbigen Bildern zustande gebracht haben. Stellen Sie diese, in der Reihenfolge ihrer Entstehung, einmal nebeneinander. Können Sie Unterschiede in der Struktur dieser Bilder feststellen? Sind die ersten Bilder vielleicht eckiger als die nachfolgenden? Stellen Sie sich derartige Fragen, um ein Gefühl für die Erzeugnisse Ihrer inneren Welt zu entwickeln.

Vergleichen Sie Ihre Bilder miteinander

Der eigene Übungsplan

Ich schlage Ihnen zu diesem Chakra keinen Übungsplan vor, da Sie inzwischen sicher in der Lage sind, selbst zu entscheiden, wann Sie welche Übung durchführen wollen. Erwarten Sie auch hier keine schnellen Erfolge! Wer zu früh große Veränderungen erwartet, blockiert sich und seine Chakren. Alle hier vorgestellten Übungen entwickeln ihre größte Kraft, wenn Sie so diszipliniert sind, sie regelmäßig durchzuführen. Überhaupt sollten Sie in der Chakren-Arbeit die Einstellung besitzen, daß Sie Ihr Bestes geben.

Entscheiden Sie selbst

47

Das Nabel-(Solarplexus-)Chakra

Manipura
Lage: Zwischen dem ersten Lendenwirbel und dem zwölften Brustwirbel.
Körperliche Wirkung: Stärkt die Verdauung (zusammen mit dem Sakral-Chakra); hat eine positive Wirkung bei Diabetes und Keuchhusten; dient der Krebsprophylaxe.
Seelische Wirkung: Bewußter Umgang mit Aggressionen, Ehrgeiz- und Machtgefühlen; hilfreich bei Zwangsvorstellungen.
Endokrine Drüse: Pankreas.
Sinn: Sehen.
Element: Feuer (spendet Licht als die Voraussetzung zum Sehen).
Farbe: Gelb (deutet die Vergeistigung als Aufgabe an).

Die Japaner bezeichnen dieses Chakra als »Hara« – den Körper-schwerpunkt. Alle östlichen Kampfsportarten dienen in erster Linie der Sensibilisierung und Entwicklung dieses Chakras.

Mit starken Gefühlen umgehen lernen

Die Aufgabe, der Sie auf der Ebene des Nabel-Chakras gegenüber-stehen, verlangt von Ihnen, Ihr inneres Feuer in eine ruhige Heiterkeit zu verwandeln. *Aggressionen, Ehrgeiz, ein gewisses Machtstreben, aber auch starke Freude und Begeisterung – mit diesen Gefühlen in verantwortungsvoller und konstruktiver Weise umzugehen, ist das nächste Ziel Ihrer Entwicklung.* Verstehen Sie dies jedoch nicht falsch! Es geht hier keineswegs darum, zu lernen, distanziert und unbeteiligt durchs Leben zu gehen. Sie werden vielmehr lernen, die Äußerung Ihrer Wünsche und Ihres Verlangens nicht mehr von deren Erfüllung abhängig zu machen.

Das Nabel-Chakra bildet genau das Zentrum
unseres Körpers. Seiner Lage entsprechend,
besitzt dieses Chakra für das Tun und Lassen
jedes Menschen eine zentrale Bedeutung:
Es beeinflußt in starkem Maß unsere Wünsche
und Neigungen.

Mit einem Beispiel will ich Ihnen verdeutlichen, was dies bedeutet. Sie haben den Wunsch, daß ein bestimmter Mensch, vielleicht Ihr Partner, eine Leistung, die Sie erbracht haben, freudig anerkennt und honoriert. Die Reaktion dieses Menschen besteht nun aber darin, daß er Sie kritisiert oder gar beschimpft. Ihr Wunsch nach Anerkennung wurde nicht erfüllt, weshalb Sie verärgert und wütend sind.

Gefühle stets äußern

Wenn Sie sich nun bewußt werden, daß nicht der andere für Ihre Wut verantwortlich ist, sondern eigentlich Ihr Wunsch nach Anerkennung, also Sie selbst, werden Sie den anderen für sein Verhalten nicht mehr verurteilen. Aufgrund dieses Wissens sollten Sie aber auf keinen Fall darauf verzichten, Ihren Wunsch oder Ihre Wut zu äußern!
In der Äußerung Ihres Wunsches oder Ihrer Wut zeigen Sie dem anderen, wer Sie selbst sind, was Sie denken und fühlen.

Den eigenen Schwerpunkt nach außen verlegen: die Projektion

Der Begriff, der diese Eigenheit menschlichen Verhaltens beschreibt, heißt Projektion. Was ist unter einer Projektion zu verstehen?
Sie suchen die Ursache für die Entstehung Ihrer Gefühle nicht in sich selbst, sondern in Ihrer Umwelt – Sie projizieren Ihr Innenleben nach außen. Wenn Sie sich beispielsweise in einen Menschen verlieben, gilt Ihnen dieser Mensch als die Ursache Ihrer verliebten Gefühle.

Verlust der eigenen Mitte

Die eigentliche Ursache könnte dagegen vielleicht Ihre Sehnsucht nach Liebe, Glück oder Schönheit sein, die Sie auf diesen Menschen übertragen. Im Vorgang der Projektion verlieren Sie also Ihre eigene Mitte, indem Sie den Schwerpunkt Ihrer Gedanken und Gefühle nach außen verlegen.
Ihre eigene Mitte zu finden, ein klares Ich-Bewußtsein zu finden, dabei sollen Ihnen die folgenden Übungen helfen.

Die eigenen Projektionen wahrnehmen: eine Partnerübung

Die Idee dieser Übung gründet in der symbolischen Zuordnung, die das Nabel-Chakra mit dem Element Feuer erfährt. Feuer spendet Licht zum Sehen. Gleichzeitig findet sich in der Natur des Feuers, seinem zügel- und ruhelosen »Begehren« nach allem Brennbaren, die Natur menschlicher Wünsche und Begierden bildhaft ausgedrückt.

Sehen, was wirklich ist

Das Sehen und die Begierden sind unlösbar miteinander verbunden: Jeder sieht nur das, wonach er begehrt. Oder anders gesagt: Der Mensch sieht seine Welt nicht, wie sie ist, sondern mißbraucht sie als Projektionsfläche für seine Wünsche.

Alle Übungen, die sich mit genauem, dem bewußten Sehen befassen, helfen Ihnen, Ihr Nabel-Chakra zu erleben und einen realistischen Blick für Ihre Umwelt zu bekommen.

Setzen Sie sich einem Menschen gegenüber, den Sie gern haben, und schauen Sie ihn zehn Minuten bewußt an. Fixieren Sie dabei nicht nur seine Augen, sondern betrachten Sie das ganze Gesicht.

Dann schließen Sie die Augen und visualisieren das Gesicht des anderen so genau wie möglich. Wenn Sie es klar vor Ihrem geistigen Auge sehen, öffnen Sie Ihre Augen und vergleichen Sie: Welche Veränderungen fallen Ihnen in den »zwei Gesichtern« des anderen auf – in dem Gesicht, das Sie vor der Visualisierung gesehen haben, und in dem, das Sie jetzt sehen? Machen Sie sich die Veränderungen

Sprechen Sie über Ihre Erfahrungen

bewußt – richtig und ohne sie zu bewerten. Diese Veränderungen sind durch Ihre eigenen Projektionen verursacht. Nach dieser Übung sollten Sie sich mit Ihrem Partner über Ihre Erfahrungen unterhalten.

Bewußt fühlen lernen: eine Atemübung

Den Energiefluß des Nabel-Chakras anzuregen, ermöglicht die folgende Atemübung. Auch diese Übung führen Sie am besten morgens nach dem Aufwachen oder abends vor dem Einschlafen durch.

Wie in den Atemübungen zum Wurzel- und zum Sakral-Chakra liegen Sie entspannt auf dem Rücken, die Arme seitlich neben dem Körper ruhend. Beobachten Sie Ihren Atem und achten Sie darauf, daß dieser ruhig und regelmäßig fließt. Langsam verändern Sie nun Ihr Atemmuster, indem Sie jetzt zum verbundenen Atmen übergehen. Denken Sie dabei an das ruhige Auf und Ab einer wellenartigen Bewegung, wobei Sie darauf achten müssen, nicht unmerklich schneller zu atmen (genaue Hinweise zum verbundenen Atmen finden Sie auf Seite 16).

Wie das Auf und Ab einer Welle

Haben Sie fünf Minuten verbunden geatmet und sich zugleich auf Ihre Körpermitte konzentriert, kehren Sie zu Ihrem natürlichen Atemrhythmus zurück. Legen Sie nun beide Hände auf Ihr »Hara« und achten Sie auf die Gefühle, die möglicherweise in Ihnen aufsteigen. Indem Sie nun noch einen Ton in mittlerer Höhe summen und versuchen, diesen in Ihrer Körpermitte vibrieren zu lassen, können Sie den Energiefluß Ihres Nabel-Chakras zusätzlich unterstützen.

Beenden Sie diese Atemübung nach insgesamt etwa acht Minuten.

Als »Modell-Affirmation« für dieses Chakra, die Sie sich im Anschluß an die Atemübung vorsagen können, schlage ich vor:

»Ich bin offen und kämpfe positiv!«

Die Gefühle vertiefen: eine Körperübung

»Zange« – eine Yoga-Übung

Wenn Sie sich durch die Atemübung und die Affirmation gereinigt haben, schließen Sie gleich folgende Körperübung an.
Sie heißt »Zange« und wird in der klassischen Yoga-Literatur »Paschimothanasana« genannt.
Für die gesamte Zeit dieser Übung konzentrieren Sie sich auf Ihre Körpermitte, während Sie verbunden atmen. Legen Sie sich flach auf den Rücken. Die Arme liegen neben dem Körper, wobei die Handinnenflächen nach oben geöffnet sind. Ihre Augen sind geschlossen. Beschreiben Sie nun mit den gestreckten Armen einen Halbkreis auf dem Boden, so daß sich Ihre beiden Hände hinter dem Kopf treffen, wobei Sie Ihre Hände falten. Strecken Sie sich jetzt aus Leibeskräften und atmen Sie weiterhin in einem langsamen Rhythmus verbunden. Vielleicht gelingt es Ihnen, zusätzlich zu gähnen. Dies würde Ihre Entspannung vertiefen.

Konzentriert auf die Körpermitte

Nachdem Sie sich ausgiebig gestreckt haben, heben Sie langsam Ihre gestreckten Arme, bis Ihre Hände sich direkt über Ihrem Gesicht befinden. Die gestreckten Arme bewegen sich, ihre Bewegung fortsetzend, auf die Beine zu. Heben Sie dabei langsam Ihren Kopf, dann Wirbel für Wirbel den ganzen Oberkörper, bis die Hände die Oberschenkel erreichen. Schieben Sie Ihre Hände immer weiter auf die Füße zu, wobei der Rücken sich nach vorne beugt (➤ Fotos auf den Seiten 54 und 55, auf denen dieser Bewegungsablauf dargestellt ist).

Der Bewegungsablauf der Yoga-Übung »Zange« (von links nach rechts)

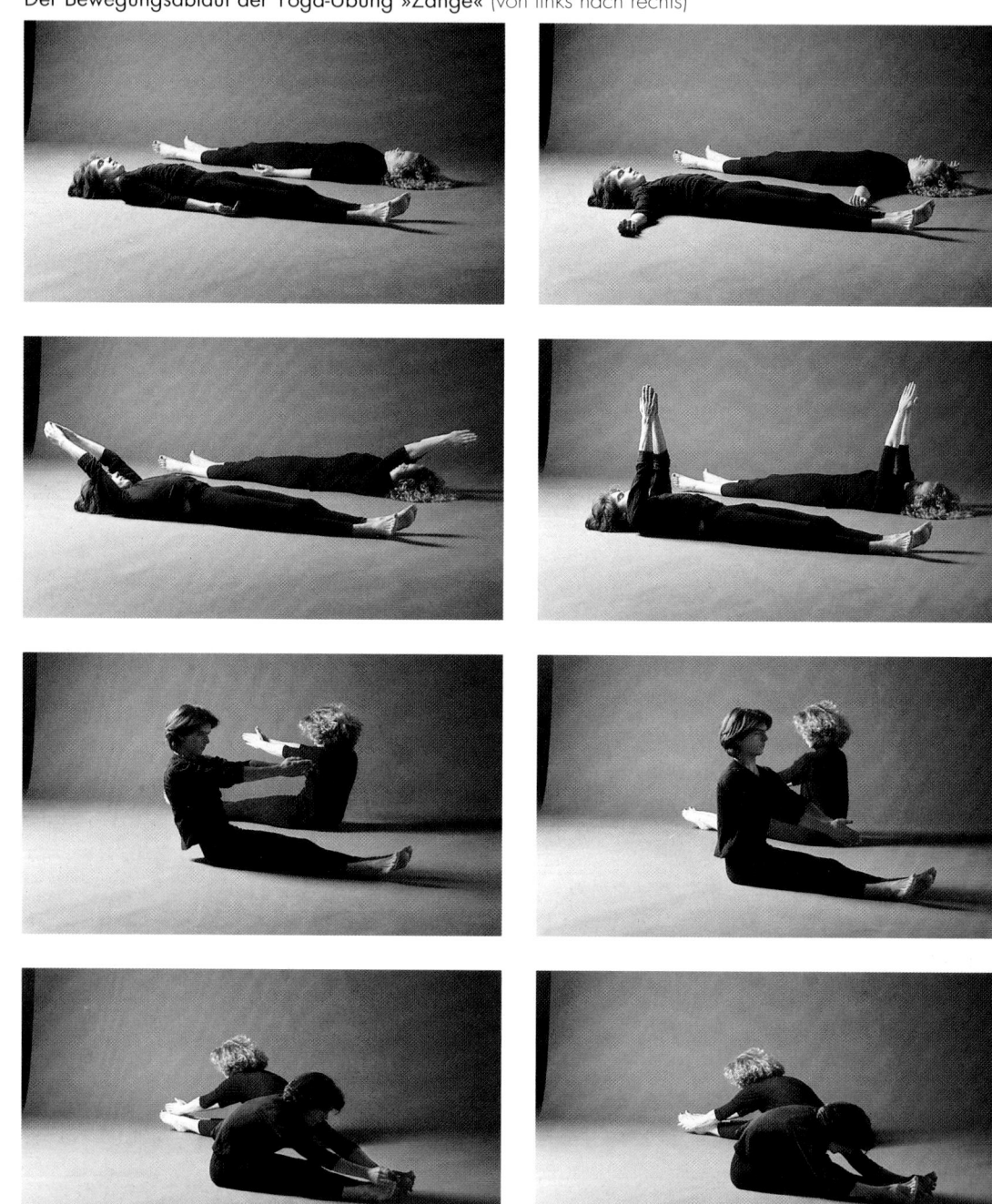

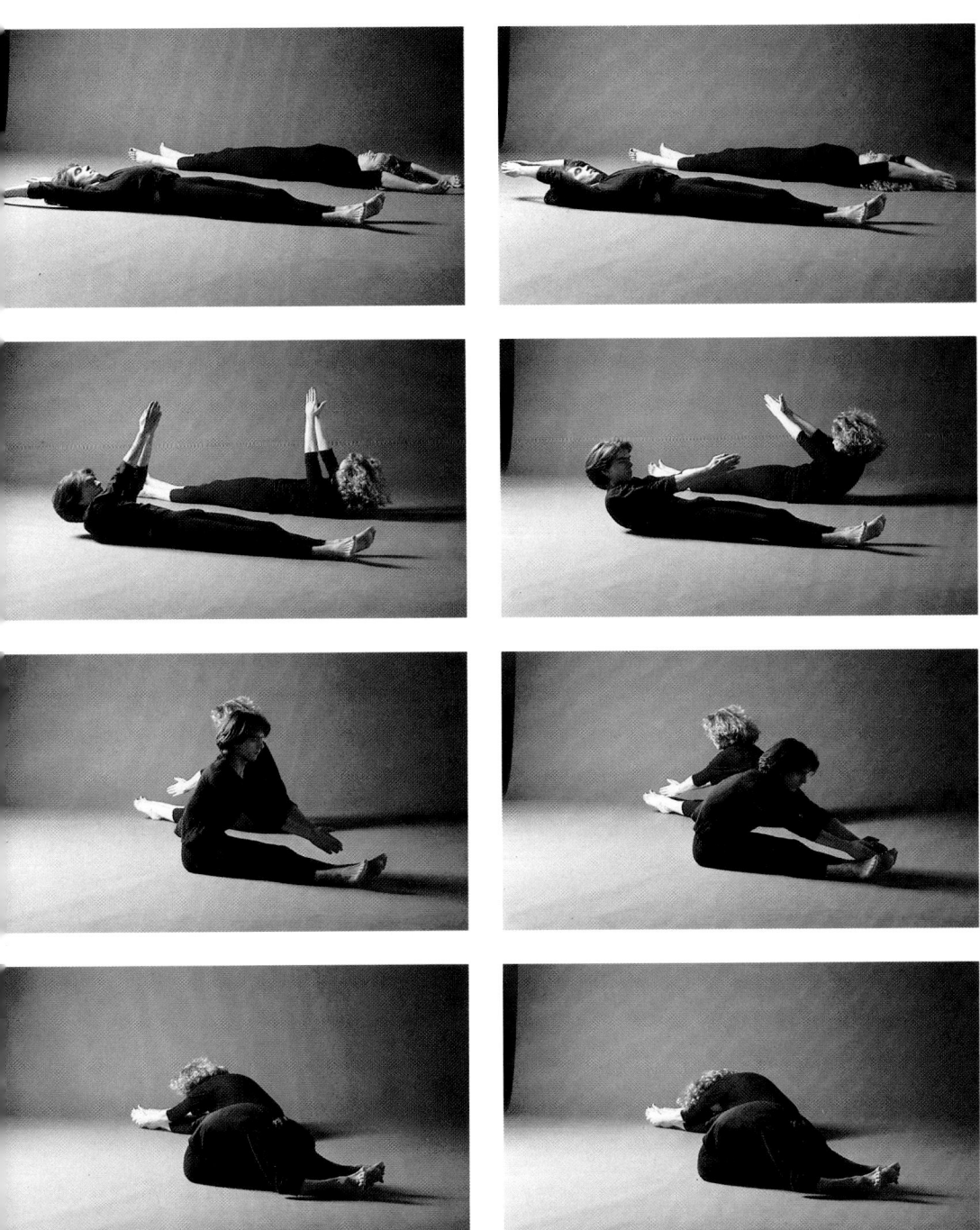

Im Idealfall liegt die Stirn auf den Knien, die Brust auf den Oberschenkeln, während Ihre Hände die Füße umfassen. Versuchen Sie, so gut es Ihnen gelingt, sich in dieser Stellung zu entspannen. Lassen Sie alle Gefühle, Gedanken und Bilder die in Ihnen sind, hochsteigen. Beobachten Sie diese wieder nur, ohne sie zu bewerten. Es kann Ihnen dabei helfen, weiterhin auf Ihren verbundenen Atem zu achten.

Gefühle, Gedanken, Bilder zulassen

Nach etwa drei Minuten, die Sie in dieser Stellung ausgeharrt haben, führen Sie den gesamten Bewegungsablauf langsam und konzentriert in umgekehrter Richtung durch – bis Sie wieder auf dem Rücken liegen, die Arme seitlich am Körper. Bleiben Sie noch etwa drei Minuten liegen, bevor Sie sich erheben. Es ist ratsam, sich während dieser drei Minuten die Affirmation innerlich vorzusagen:
»Ich bin offen und kämpfe positiv!«.

Führen Sie diese Übung über längere Zeit – ungefähr ein bis zwei Monate – regelmäßig durch, wirkt sie heilend auf Magen, Leber und Galle. Zusätzlich vermag sie Streß abzubauen und die Verdauung zu fördern. Auf Ihr Gefühlsleben wirkt diese Übung ausgleichend und harmonisierend.

Mit der Farbe Gelb malen

Gelb strahlt
wie das Licht

Die Beschäftigung mit der Farbe Gelb kann Ihnen helfen, die Energien des Nabel-Chakras anzuregen. Gelb ist der farbliche Repräsentant des Lichtes. Dem Bedeutungsfeld des Nabel-Chakras entsprechend, ist Gelb jene Farbe, die ausstrahlt und über ihre Grenzen hinausgehen will.
Der holländische Maler Vincent van Gogh setzte sich speziell mit dieser Farbe auseinander. Ich sehe dies als sein Bemühen, seine eigene Mitte zu finden und seine destruktiven Tendenzen zu kontrollieren.
Mir half auf dieser Ebene, mit stark deckenden Acrylfarben Gelbabstufungen und einfarbig gelbe Bilder zu malen.

Sich selbst überwinden: Der vergeistigte Mensch

Mit dem Nabel-Chakra verlassen Sie die körperlich-materielle Ebene, die Sie sich in den unteren drei Chakren erarbeitet haben. Ich werde Ihnen im folgenden keine Atem- oder Körperübungen mehr anbieten. Fühlen Sie sich durch die folgenden Ausführungen motiviert, mit Ihren höheren Zentren zu arbeiten, empfehle ich Ihnen, hierzu einen qualifizierten Yoga-Lehrer oder einen in östlicher Weisheit geschulten Therapeuten aufzusuchen.

Die höheren Zentren

Das Herz-Chakra

Anahata
Lage: Zwischen dem vierten und dem fünften Brustwirbel.
Körperliche Wirkung: Heilend bei allen Funktionsstörungen des Herzens und des Kreislaufs.
Seelische Wirkung: Ich-Verminderung und Selbstüberwindung, Fähigkeit zur Nähe, tiefe Ruhe.
Endokrine Drüse: Thymusdrüse.
Sinn: Tastsinn.
Element: Luft (Symbol der Weisheit).
Farbe: Grün (mittlere Farbe des Spektrums, entspricht dem mittleren Chakra).

Das Herzgebet

Fähigkeit zur Nähe, tiefe Ruhe

Die Übung des Herzgebetes, wie sie von den Mönchen auf dem Berg Athos gepflegt wird, kann als Arbeit am Herzzentrum angesehen werden. Dieses Herzgebet enthält nur einen Satz:
»Herr, erbarme Dich unser!« – und wird still im Inneren fortwährend gesprochen. Ich möchte Ihnen empfehlen, dieses Gebet einmal näher zu betrachten. Welche Haltung drückt sich darin aus? Wie könnte dieses Gebet dazu dienen, das Herz zu reinigen? Was bedeutet die Reinigung des Herzens?
Die Antwort auf diese Fragen können Sie finden, wenn Sie einmal versuchen, jedes einzelne Wort dieses Gebetes zu überdenken.
Was bedeutet das Wort »Herr«? Welche Beziehung besteht zwischen Ihnen und demjenigen, den Sie auf diese Weise anreden?

Das Herz-Chakra hat eine umfassende
Bedeutung – die des Ausgleichs.
Bildlich gesprochen, besteht seine Aufgabe
darin, zwischen den hellen, klaren Kräften
des Geistes und den dunklen Strömungen des
Unbewußten verständnisvoll zu vermitteln.

Bezeichnet dieses Wort jemanden, dem Sie Ihren Willen diktieren können, oder verhält es sich eher umgekehrt? Was bedeutet »erbarme Dich« ? – Erinnern Sie sich an Situationen Ihres Lebens, in denen Sie Mitleid verspürten mit einem in Not geratenen Menschen, oder in denen Sie einem Menschen, der Sie verletzt hat, wirklich verzeihen konnten? Erinnern Sie sich an die innere Haltung, in der Sie dies taten! Verlangten Sie Beweise und Erklärungen von diesem Menschen? Stellten Sie ihm Bedingungen, damit Sie ihm verzeihen konnten? Warum steht in diesem Gebet »unser«? Beschreibt dieses »unser« nicht ein Gefühl der Verbundenheit mit allen Menschen, die mehr oder weniger mit den gleichen Schwierigkeiten zu kämpfen haben?

Wenn Sie auf diese Weise, aufbauend auf Ihren eigenen Erfahrungen und Kenntnissen, den Sinn dieses Gebetes erforschen, werden Sie die Bedeutung des Herz-Chakras verstehen lernen.

Allgemein gesagt begegnen Sie auf der Ebene des Herz-Chakras der Aufgabe, den anderen zu sehen und zu lieben, wie er ist – ohne ihn idealisieren oder verändern zu wollen. Die Bedeutung des Herz-Chakras liegt gerade darin, Ihren eigenen Willen, also Ihre egoistischen Bedürfnisse und Vorstellungen, nicht um jeden Preis gegen den anderen durchsetzen zu wollen, sondern ohne Einwände und Bedingungen das entgegenzunehmen, was er Ihnen bietet.

In dem »unser« des Herzgebetes sind Sie selbst ebenso einbezogen wie Ihre Mitmenschen. Darin liegt die Forderung, mit sich selbst gleichermaßen verständnisvoll und mitfühlend umzugehen wie mit dem anderen. Das »Liebe deinen Nächsten wie dich selbst« des Christentums beschreibt genau diese auf der Ebene des Herz-Chakras angestrebte Tugend. Sie werden vielleicht dieser Tugend, wenn es um deren Verwirklichung geht, zunächst verständnislos gegenüberstehen. Bei einiger Beschäftigung mit diesem Thema aber werden Sie bemerken, daß Sie sich selbst nicht aufgeben müssen, um den anderen gewähren zu lassen. Die ganzheitliche Weltsicht, die dieses Chakra lehrt, beinhaltet ein intuitives Erfassen des Zusammenhangs, in dem Sie mit dem anderen stehen. Ihr Umgang mit anderen Menschen wird sich also eher daran orientieren, mit diesen zusammenzuleben, als sie für die Befriedigung Ihrer eigennützigen Bestrebungen zu gebrauchen.

Meditatives Anschauen

»Liebe deinen Nächsten wie dich selbst«

Mit dem Herzen in Kontakt bleiben: die Farbe Grün

Ausgleich
zwischen Licht
und Finsternis

Die Schwierigkeit, dieses Gefühl der Zusammengehörigkeit mit anderen Menschen im täglichen Umgang zu leben, versinnbildlicht die Farbe Grün, die diesem Chakra zugewiesen ist. Als Farbe des Ausgleichs zwischen Licht (Gelb) und Finsternis (Blau) stellt Grün eine Farbe dar, die sehr schwierig zu behandeln ist. Dies beginnt schon mit der Suche nach einem reinen Grün ohne Blau- oder Gelbstich.

Sie werden das bemerken, wenn Sie mit Grün malen, wobei Sie sich Ihr Grün aus Gelb und Blau selbst mischen sollten. Diese Schwierigkeit mit Grün mag in dem Unvermögen begründet sein, mit dem Herzen in Kontakt zu bleiben. Ein liebevoller Umgang mit der Natur, in der Sie die reichste Vielfalt von Grüntönen entdecken können, kann hier sehr hilfreich sein.

Vergleichbar dem Herzgebet, können Sie auch die folgende Affirmation zur Anregung Ihres Herz-Chakras anwenden:

»Ich trete dem anderen mit bedingungsloser Liebe entgegen!«

Wer dem Christentum nahesteht, mag das klassische Gebet: »Herr Jesus Christus, heile mein Herz!« in seinem Inneren still vor sich hin sprechen. Die Haltung des Mitgefühls und der bedingungslosen Liebe zu gewinnen, ist zu Beginn ein beständiger Kampf. Sie sollten sich jedoch stetig um eine solche Einstellung bemühen.

Das Kehl-Chakra

Vishudda
Lage: Zwischen dem ersten Brust- und dem siebten Halswirbel.
Körperliche Wirkung: Linderung und Heilung von Sprachstörungen
aller Art; reguliert Funktionsstörungen der Schilddrüse.
Seelische Wirkung: Vorbeugend bei Neigung zu Depressionen,
Harmonisierung von Denken und Fühlen, Streßabbau.
Endokrine Drüse: Schilddrüse.
Sinn: Hören.
Element: Äther (nach hinduistischer und klassisch-griechischer Auffassung
bildet der Äther den Urstoff, aus dem alle Elemente hervorgehen).
Farbe: Blau (Blau ist die Farbe der Seele).

»Am Anfang war das Wort« – dieser Satz, mit dem das Evangelium
des Johannes beginnt, beschreibt einfach und klar das Bedeutungsfeld,
dem Sie in der Beschäftigung mit dem Kehl-Chakra begegnen.
Das Kehl-Chakra stellt das Tor dar, durch das Sie in die geistige Welt,
in die Welt Ihrer eigenen Seele geführt werden.
Die Aufgabe, die es hier zu lernen gilt, besteht darin, sich anderen
Menschen ehrlich und aufrichtig mitzuteilen. Diese aufrichtige Kommuni-
kation ist allerdings erst dann möglich, wenn Sie in der Lage sind,
Ihr eigenes Denken und Fühlen in Einklang miteinander zu bringen.

Sich aufrichtig
mitteilen

Das Kehl-Chakra: Der Hals, Ort dieses
Chakras, verbindet den Kopf (Denken)
mit der Brust (Fühlen). Tatsächlich drückt dies
die Bedeutung des Kehl-Chakras aus:
die harmonische Verbindung von Denken
und Fühlen.

Dem eigenen Inneren Beachtung schenken

Mit einem Beispiel möchte ich Ihnen erläutern, wie Sie den Zugang
zu Ihrem Inneren öffnen können.

Sie mögen sich unwohl und verwirrt fühlen; vielleicht leben Sie in einer
schwierigen Partnerschaft; Ihr Beruf stellt zu hohe Anforderungen an
Ihre Fähigkeiten; Sie sind mit Ihrem Leben im Moment unzufrieden.
Ziehen Sie sich also für eine Weile zurück, machen Sie es sich bequem
und schließen Sie die Augen. Nachdem Sie sich entspannt und
beruhigt haben, stellen Sie sich konzentriert die Frage:

*Das Gespräch
mit dem eigenen
Inneren*

»Was ist der einfache und klare Grund für mein Unwohlsein?«
Seien Sie sich bewußt, daß Sie diese Frage in diesem Moment nur sich
selbst, Ihrem eigenen Inneren stellen. Versuchen Sie also, all das zu
vergessen, was andere Menschen über Ihr Leben oder über Sie als
Person geäußert haben. Wenn Sie tatsächlich bereit sind, sich selbst
zuzuhören, werden Sie auf der Stelle eine sinnvolle Antwort bekommen.
Die Kunst dieses Gesprächs mit dem eigenen Inneren liegt gerade
darin, seinem »Gesprächspartner« zu vertrauen und mit ihm in ruhiger,
entspannter Weise zu reden. Die Antwort, die Ihnen Ihr Inneres auf Ihre
Fragen gibt, mag Ihnen anfangs ungewohnt oder gar lächerlich
erscheinen. Tun Sie diese Antwort jedoch nicht voreilig als unzutreffend
ab! Bei genauer Prüfung ihrer Aussage werden Sie bemerken, daß sie
genau das beinhaltet, was Sie aus Ihrem Unwohlsein herausführt.

*Die Antwort
annehmen*

Es ist eben gerade ein bestimmtes Gefühl, das sich in dieser Antwort
meldet, um Ihr Wohlbefinden wiederherzustellen. Wenn Sie auf diese
Art Ihrem Inneren Beachtung schenken, erlauben Sie es Ihren Gefühlen,
zu Wort zu kommen.

Die tiefere Bedeutung des Kehl-Chakras liegt allerdings darin,
sich anderen Menschen aufrichtig mitzuteilen.

Nachdem Sie nun gelernt haben, Ihre Gefühle wahrzunehmen,
und sie in Ihre Überlegungen einzubeziehen, sollten Sie versuchen,
auch im Gespräch mit anderen Menschen Ihre Gefühle nicht zu
vernachlässigen.

Die eigene Stimme bewußt erleben: eine Leseübung

Ich möchte Ihnen an dieser Stelle eine Übung vorschlagen,
die Ihnen dies erleichtern wird. Nehmen Sie ein Gedicht oder eine
kurze Erzählung aus der Romantik zur Hand, beispielsweise von
Novalis (Friedrich v. Hardenberg), Möricke oder Jean Paul.
Lesen Sie sich nun dieses Gedicht oder die Erzählung selbst laut vor.
Lesen Sie Ihren Text mit kräftiger Stimme und hemmungslos!
Versuchen Sie, all die Stimmungen und Gefühlsschattierungen, die Ihr
Text enthält, zu empfinden und mit Ihrer Stimme auszudrücken.

*Spiegel der
inneren
Befindlichkeit*

Mit Hilfe dieser Übung sollen Sie nicht eigene schauspielerische
Fähigkeiten entdecken; ihr Sinn liegt vielmehr darin, Ihre Stimme als
Spiegel Ihrer inneren Befindlichkeit wahrzunehmen und kennenzulernen.
Sie werden nach und nach Ihre Stimme als Organ begreifen, das auf
ganz selbstverständliche Weise Ihr Denken mit Ihrem Fühlen verbindet.
Wenn Sie sich der Qualität Ihrer Stimme bewußt geworden sind,
wird es Ihnen kaum noch Schwierigkeiten bereiten, auch anderen
gegenüber zu äußern, was Sie in Ihrem Inneren beschäftigt.
Ein weiterer Nutzen dieser Übung ist es, durch das laute und bewußte
Lesen Ihr Kehl-Chakra nachhaltig anzuregen.
Die dieses Chakra unterstützende Affirmation, die Sie in die Leseübung
einfließen lassen sollten, lautet:
»Ich teile mich aufrichtig mit!«
Sagen Sie sich diese Affirmation auch zu anderen Gelegenheiten,
wann immer Sie sich an sie erinnern, laut oder innerlich konzentriert vor.

Blau ist die Farbe der Seele

Wer sich mit der Farbe Blau und ihrem Wesen meditativ beschäftigt, wird tief in die eigene Seele geführt. Blau ist die Symbolfarbe der Seele. Sie weist die Kraft auf, Ihnen den Zugang zu Ihrer Seele zu erleichtern.

Die Farbe Blau visualisieren

Die Visualisierung der Farbe Blau kann sehr dazu beitragen, das Kehl-Chakra anzuregen.

Stellen Sie sich in der Meditation vor, daß Ihre Kehle völlig blau wird oder Ihr Atemstrom bläulich gefärbt durch Ihre Kehle fließt, so entspannt allein dies schon Ihr Kehl-Chakra. Wenn Ihnen solche Visualisierungen nicht liegen, greifen Sie zu Aquarellfarben und Pinsel und malen Sie ein einfarbig blaues Bild. Sie können dem Blau auf der Fläche Gestalt geben oder nicht – wichtig ist, sich in dieses Malen völlig hineinfallen zu lassen. Betrachten Sie danach Ihr Bild auf meditative Weise.

Sie können auch ein blaues Bild malen

Ein Tagebuch führen

Zum Schluß möchte ich Ihnen die nützliche Empfehlung geben, über Ihre Auseinandersetzung mit der Bedeutung des Kehl-Chakras ein Tagebuch anzulegen. Schreiben Sie in dieses Tagebuch alles hinein, was Ihnen zu dem Thema »sich selbst mitteilen« ein- und auffällt. Versuchen Sie, sich an Gespräche zu erinnern, die Sie mit anderen geführt haben, und schreiben Sie diese möglichst wörtlich auf. Versuchen Sie dabei, sich den Tonfall Ihrer Gesprächspartner und Ihren eigenen zu vergegenwärtigen. Notieren Sie ebenso die Antwort, die Ihnen Ihr Inneres auf eine bestimmte Frage gab, und überdenken Sie diese sorgfältig.

Sich selbst
alles mitteilen

Das Stirn-Chakra (Drittes Auge)

Ajna

Lage: Auf dem Schnittpunkt der beiden Linien, die zum einen die beiden Gehöröffnungen, zum anderen die Nasenwurzel mit dem Hinterkopf verbinden. Äußerlich kann man sich das Dritte Auge als zwischen den Augenbrauen liegend vorstellen.

Körperliche Wirkung: Stärkung der endokrinen Drüsen; vorbeugend gegen Altersschwäche.

Seelische Wirkung: Angstabbau, Auflösung der Projektionen, intuitives Denken.

Endokrine Drüse: Hypophyse.

Sinn und Element: Die Feinstofflichkeit dieses Bereichs erlaubt keine Zuordnung mehr von Sinn und Element.

Farbe: Violett.

Intuition

Das Dritte Auge ist wohl das bekannteste Energiezentrum. In Darstellungen von buddhistischen und hinduistischen Heiligen ist das Dritte Auge als farbiger Kreis oder Edelstein zwischen den Augenbrauen angedeutet.

Das Dritte Auge: Die Bedeutung des Stirn-Chakras liegt ganz im Bereich des intuitiven Denkens. Plötzliche Eingebungen und unerwartete Lösungen schwieriger Probleme kennzeichnen dieses Chakra.

Die Umwelt positiv gestalten

Das positive Denken

Einer der Schlüsselbegriffe der Ebene des Dritten Auges bildet das positive Denken. *Damit ist die Fähigkeit gemeint, in der Welt und in sich selbst das Positive zu sehen und es zu verstärken.* Positiv zu denken darf allerdings nicht aufgesetzt sein, womit alles Dunkle und Negative verdrängt würde. Gerade aus dem Wissen um die dunklen Seiten des Lebens und des Menschen bezieht das positive Denken die Fähigkeit, die lichten Aspekte des Daseins zu fördern und zu verstärken. Positiv zu denken stellt eine Energie dar, die es ermöglicht, der Umwelt nicht ängstlich und sorgenvoll gegenüberzustehen, sondern in ihr ein weitreichendes Feld zur Selbstentfaltung und schöpferischen Arbeit zu sehen.

Der inneren Stimme folgen: die Intuition

Der Eingebung vertrauen

Schwierige Probleme, die Sie über Wochen und Monate beschäftigen mögen, finden in einer plötzlichen Eingebung, einer einfachen Feststellung oder in einer praktischen Erkenntnis eine oft unerwartete Lösung. Vielleicht erinnern Sie sich, derartige Eingebungen und unerwartete Lösungen für schwierige Probleme schon erlebt zu haben. Hier meldete sich Ihre innere Stimme, die Ihnen ohne Zweifel sagte, wie Sie sich zu verhalten haben. Dieses zweifelsfreie intuitive Handeln, das sich stets positiv auswirkt, charakterisiert im wesentlichen die Bedeutung des Dritten Auges.

Um Ihre eigene Intuition zu stärken, machen Sie sich mit der Affirmation vertraut:

»Ich folge meiner inneren Stimme!«

Die Farbe Violett selbst mischen: Intuition üben

Meditatives Anschauen

Als Malübung – wie bei den vorigen Chakren – empfehle ich Ihnen, sich mit der Farbe Violett auseinanderzusetzen. Sie sollten sich jedoch dieses Violett selbst mischen. Vertiefen Sie sich in diese Farbe und versuchen Sie zu entdecken, welche geistigen Qualitäten sich darin verbergen. Vergleichen Sie diese Farbe mit den Farben der anderen Chakren: Unterscheiden Sie sie nach ihrer Leuchtkraft, ihrer Tiefe, ihrer Eindeutigkeit, nach der Wirkung, die sie auf Sie ausüben.

Sie werden so vieles aus der geistigen Welt entschlüsseln können.

Das Kronen-Chakra

Sahasrara
Lage: Auf dem Scheitelpunkt in der Höhe der Fontanellen.
Körperliche Wirkung: Vorbeugend gegen Alterserscheinungen.
Seelische Wirkung: Verbindung von höherem und niederem Selbst,
Vollendung des Menschen.
Endokrine Drüse: Epiphyse.
Sinn: –
Element: –
Farbe: Purpur, alle sieben Farben des Regenbogens.

Höhere Entwicklung des Menschen

Das Kronen-Chakra wird in der klassischen Yoga-Literatur oft auch
»der Tausendblättrige Lotos« genannt. Dieses Bild symbolisiert die vollständige Entwicklung aller menschlichen Fähigkeiten. Diese Ebene der
höchsten Entwicklung des Menschen kann nicht mehr wie die voran-
gegangenen Ebenen konkret beschrieben werden. *Die Aufgaben und
Erfahrungen, die der Bedeutung dieses Chakras zukommen, liegen
außerhalb der sprachlichen Vermittlung.* Ich möchte daher nichts weiter
über diese Ebene schreiben.
Wenn Sie sich dennoch eine Vorstellung von der Bedeutung dieses
Chakras machen möchten, empfehle ich Ihnen, die vier Evangelien des
Neuen Testaments oder vielleicht die Reden des indischen Religions-
stifters Buddha zu lesen. Mit Hilfe dieser Schriften werden Sie die
außergewöhnliche Bedeutung dieses Chakras dadurch ermessen
können, daß Sie versuchen, sich die Wirkung, die Jesus und Buddha
auf ihre Mitmenschen hatten, und die Taten, die sie vollbrachten,
zu vergegenwärtigen.

Das Kronen-Chakra: Die Entwicklung dieses Chakras bewirkt die Entfaltung aller menschlichen Fähigkeiten. Die Aufgaben und Erfahrungen, die der Bedeutung dieses Chakras zukommen, liegen außerhalb der sprachlichen Vermittlung.

Zum Nachschlagen

Literatur zum Thema

Avalon, Arthur, *Die Schlangenkraft,* *Weinheim 1961.* Dieses schwer zu lesende Standardwerk zu den Chakren sollte jeder, der sich eingehender mit Kundalini-Yoga (Chakren-Arbeit) beschäftigt, zumindest einmal durchblättern. Wem es zu mühselig ist, dieses Buch durchzuarbeiten, der findet dessen leichtverständliche, ausführliche Zusammenfassung in: Pandit, M.P., *Kundalini-Yoga* *mit ausführlicher Erläuterung der* *Chakras, München, 1966* .

Batley, Alice A., *Esoterisches Heilen,* *Stuttgart 1962.* In diesem grundlegenden Buch findet der aufmerksame Leser viele Hinweise zu den Chakren, über die es lohnt, zu meditiren.

Campbell, Josef, *Lebendiger* *Mythos, München 1985.* Eine kenntnisreiche, auch tiefenpsychologisch argumentierende Arbeit zur Mythologie und zu den Archetypen.

Jung, Carl Gustav, *Yoga und der* *Westen, In: Gesammelte Werke* (GW) 11, Olten, Freiburg 1979, Seite 571 bis 580. Eine der wichtigsten Yoga-Kritiken, von westlicher Seite gesehen.

Klein, Nicolaus/Dahlke, Rüdiger, *Das senkrechte Weltbild, Symbolisches Denken in astrologischen Urprinzipien, München 1986.* Ein geeignetes Nachschlagewerk, um Analogien zwischen der Astrologie und dem alltäglichen Leben zu erkennen.

Leadbeater, Charles, *Die Chakras, Freiburg 1983.* Theosophischer Klassiker über die Chakren mit Farbbildern der Aura der einzelnen Chakren.

Ravenscroft, Trevor, *The Cup of* *Destiny, London 1981 (zu deutsch:* *Der Kelch des Schicksals), Basel.* Ein ungewöhnliches Buch über den Gralsweg anhand des PARZIVAL von Wolfram von Eschenbach. Der Gralsweg wird hier teilweise auf die einzelnen Chakren bezogen.

Vollmar, Klausbernd, *Fahrplan durch* *die Chakren, Reinbek 1988.* Theo-retische Grundlegung der Chakren-Arbeit aus westlicher Sicht, weitere, in diesem Buch nicht aufgeführte Übungen zu den Chakren, Tabelle über Parallelität zu anderen esoterischen Gebieten und indischer Mythologie.

Vollmar, Klausbernd, *Erfahrung* *bei der Arbeit mit Chakren.* *In: Netzwerk 85, Basel 1984/85,* *Seite 190 bis 205.* Aufsatz über die praktische Arbeit mit den Chakren mit Hilfe des Enneagramms.

Wilber, Ken, *Are the Chakras Real?* *In: White, John (Hrsg.), Evolution* *and Enlightenment, New York* *1979, Seite 120 ff.* Diese Aufsatzsammlung ist sehr zu empfehlen; Ken Wilber zeigt hier auf, inwieweit das indische Konzept der Chakren nicht wörtlich genommen werden kann.

GU Gesundheits-Ratgeber "Ganzheitlich leben"

Anna Triebel-Thome
Feldenkrais
Bewegung – ein Weg zum
Selbst. Einführung in die
Methode.
Die eigenen Grenzen erfahren
und sie überwinden: gewohnte
Bewegungen erkennen, neue
Bewegungsmöglichkeiten
erlernen, um frei wählen zu
können. Bewegungsangebote,
vermittelt in einprägsamen
Lektionen, regen an zu
selbständigem Lernen – Voraussetzung für die körperliche,
geistige und seelische Entwicklung eines Menschen.
80 Seiten mit Fotos, Paperback.

Dr. med. Almuth Huth
Dr. med. Werner Huth
Meditation
Begegnung mit der eigenen
Mitte. Einführung und
Anleitung.
Durch Meditation sich selbst
erfahren, die eigenen Fähig-
keiten erkennen, die eigenen
Möglichkeiten nutzen, zu
innerer Harmonie finden.
80 Seiten mit Fotos, Paperback.

Chungliang Al Huang
Tai Ji
In der Bewegung zu Harmonie
und Lebensfreude finden.
Einführung und Anleitung.
Durch Tai Ji, die bewährte
chinesische Bewegungslehre,
zu Entspannung und Gelas-
senheit. Körperlich-seelische
Harmonie und mehr Lebens-
freude für Menschen jeden
Alters. 80 Seiten mit Fotos,
Paperback.

GU Gräfe und Unzer

Bücher, die ich aus diesem Gebiet empfehlen kann:

Hauer, J.W., *Der Yoga*, Südergellersen 1983. Einführung in den indischen Yoga aus der Sicht der Yoga-Philosophie an Hand von Originaltexten.

Dürckheim, Karlfried Graf, *Hara*, Bern et al, 1987.
Ein ausgezeichnetes Buch über die japanische Vorstellung vom Hara (entspricht dem Nabelchakra) und über die Erdung.

Gregorius, *Die magische Erweckung der Chakras im Ätherkörper des Menschen*, Berlin 1978. Dieses Buch geht als eines der wenigen auch auf die (in diesem Buch nicht dargestellten) Nebenchakren ein und beschreibt insgesamt 14 Chakren. Interessanter Teil zu den Mantren bei jedem Chakra

Iyengar, B. K. S., *Licht auf Yoga*, München et al 1975. Zusammen mit *Licht auf Pranayama* Standardwerk des indischen Yoga; körperlich ausgerichtet und genau.

Iyengar, B. K. S., *Licht auf Pranayama*, München et al, 1984. Mit Pranayama werden die Atemübungen im Yoga bezeichnet, die hier in vorbildlicher Weise vorgestellt werden.

Lysbeth, André, *Durch Yoga zum eigenen Selbst*, Bern et al, 1985. Gute Einführung in das HATHA (Sonne-Mond) Yoga.

Michel, Peter, *Das Weltbild der Yoga-Meister*, München 1982. Unterschiedlichste Yoga-Meister von Vivekanda bis Paul Brunton kommen in kurzen Textausschnitten zu Wort.

Petersen, Erling, *Das Yoga-Übungsbuch*, München 1987. Es werden Körperübungen anschaulich und genau erklärt.

Sherwood, Keith, *Kraftzentren des Lebens*, Freiburg 1985. Leicht lesbare Anleitung zur Harmonisierung der Chakren.

Sivananda Yoga Zentrum, *Yoga für alle Lebensstufen in Bildern*, München 1985. Viele Anregungen zu Körperübungen jeden Schwierigkeitsgrades, Übungen höchsten Schwierigkeitsgrades sind ebenso vertreten wie äußerst leichte Übungen.

Tansley, David, *Energiekörper*, München 1985. Dieses Buch ist wegen seiner Abbildungen (Yoga in der Kunst) interessant.

Weiss, Hartmut (Hrsg.), *Quellen des Yoga*, München 1986. Hier findet der Interessierte kommentierte Quellen des Yoga, die sonst schwer zu bekommen sind (*Shetashvatara-Upanishad*, *Patanjalis Yoga-Sutra*, *Hatha-Yoga Pradipika*, Auszüge aus der *Bhagavadgita*).

Zimmer, Heinrich, *Kunstform und Yoga im indischen Kultbild*, Frankfurt/Main 1987. Gute Einführung in die Kunst der Mandalas, erläutert yogisches Sehen und Schauen.